©   2016 ZS Verlag GmbH
Kaiserstraße 14 b
D-80801 München

ISBN 978-3-89883-511-4
2. Auflage 2018

Projektleitung	Kathrin Ullerich
Rezepte	Martina Kittler
Texte	Marion Jetter
Lektorat	Kathrin Gritschneder
Grafische Gestaltung	Ronja Bernhardt, Julia Arzberger
Fotografie	Mathias Neubauer
Foodstyling	Andreas Neubauer
Herstellung	Frank Jansen
Producing	Jan Russok
Druck & Bindung	optimal media GmbH, Röbel

Die ZS Verlag GmbH ist ein Unternehmen der Edel AG, Hamburg.
www.zsverlag.de
www.facebook.com/zsverlag

Martina Kittler

GUT, LECKER, BASISCH

Rezepte für mehr Power und Wohlbefinden

Mit Fotos von Mathias Neubauer

6

VORWORT

8

EINLEITUNG

Erfahren Sie das Wichtigste über den Säure-Basen-Haushalt und testen Sie, ob Sie zu sauer sind. Lernen Sie die Top-Lebensmittel mit Basenpower kennen und holen Sie sich die besten Tipps für die Ernährungsumstellung.

24

FRÜHSTÜCK

So fängt der Tag gut an: Mit basischen Brotaufstrichen, ofenfrischen Brötchen, knusprigen Müslis und bunten Smoothies werden selbst Morgenmuffel im Nu hellwach.

48

SALATE & SNACKS

Grünes Licht für Basenpower: Wenn der kleine Hunger kommt, haben Sie die Wahl zwischen Sattmachersalaten und knackigen Newcomern, bunter Gemüserohkost und schnellen Pfannengerichten. Da kommt die gute Laune von ganz allein ...

78

SUPPEN & EINTÖPFE

Ob Minestrone mit Salsa rossa, Lauchcremesuppe mit Petersilienöl oder Süßkartoffeleintopf mit Grünkohl: So leicht lassen sich Wohlbefinden und Genuss in einen Topf bringen.

102

HAUPTGERICHTE

Von wegen Verzicht! Um in Balance zu kommen, gibt es die köstlichsten Möglichkeiten – von Klassikern aus Omas Küche mit viel heimischem Gemüse über mediterrane Lieblings-gerichte bis hin zu exotischen Currys. Und als Zugabe gibt es Blitzrezepte für das süße Finale.

134

WOCHENPLAN

136

REGISTER

 glutenfrei  laktosefrei vegan vegetarisch superbasisch

SAUER MACHT
NICHT IMMER LUSTIG …

… basisch essen fit und froh! Nur wenn die Chemie in unserem Körper stimmt, fühlen wir uns wohl. Warum? Weil nur ein ausgewogenes Verhältnis zwischen Säuren und Basen den Stoffwechsel am Laufen hält und das Immunsystem stärkt. Dazu brauchen wir eine basenbetonte Vitalküche. Bereichern Sie Ihren täglichen Speiseplan mit Gemüse, Obst, Kräutern, Salaten – und kommen Sie ins Gleichgewicht. Sie werden sich bald wacher und unbeschwerter fühlen und merken, wie gut das Ihrem Körper tut.

Egal, ob die Säure-Basen-Balance neu für Sie ist oder Sie schon länger damit vertraut sind – auf den folgenden Seiten möchte ich Ihnen das Leben leicht machen. Mit gesundem Essen vom Feinsten und einfachen Regeln. Starten Sie munter und kraftvoll in den Tag mit Smoothies, kernigen Müslis und saftigem Körnerbrot. Und sorgen Sie mittags und abends mit Suppen, knackfrischen Salaten, köstlichen Hauptgerichten oder schlanken Snacks für Ihr körperliches und geistiges Wohlbefinden. Alles ist erlaubt, das Prinzip ganz einfach: Wenig eiweißreiche Säurebildner wie Fisch, Fleisch, Eier und Käse werden mit jeder Menge Grünzeug, Früchten, Nüssen, Samen und gesunden Ölen kombiniert. Das Ergebnis: lauter Garanten für lustvollen Genuss, die Sie mit allem versorgen, was Körper und Seele brauchen.

Lassen Sie sich inspirieren! Mit den abwechslungsreichen Rezepten können Sie gelegentlich eine Basenwoche einlegen oder Ihren Speiseplan ganz auf die ausbalancierte Säure-Basen-Küche umstellen. Im Theorie-Teil ab Seite 8 erfahren Sie alles Wichtige über diesen neuen alten Trend. Und wenn Sie neugierig auf vegane Gerichte sind oder auf eine laktose- bzw. glutenfreie Ernährung achten möchten, kein Problem! Die Symbole bei den Rezepten zeigen Ihnen auf einen Blick, was dann das Richtige für Sie ist. Übrigens: Superbasische Gerichte sind auch mit einem speziellen Icon gekennzeichnet.

Viel Spaß beim Kochen, gesunden Appetit und ein genussvolles Leben im Gleichgewicht wünscht

DER **SÄURE-BASEN-** HAUSHALT

WER SEINEM KÖRPER ETWAS GUTES TUN WILL, STEHT VOR DER EWIG GLEICHEN FRAGE: **WAS SOLL ICH ESSEN UND TRINKEN?** WAS HÄLT MEINEN KÖRPER DAUERHAFT LEISTUNGSFÄHIG? DIE **SÄURE-BASEN-ERNÄHRUNG** GIBT DARAUF KLARE ANTWORTEN. WISSENSCHAFTLER HABEN DIE VORZÜGE EINER BASENBETONTEN ERNÄHRUNG SCHON VOR MEHR ALS 100 JAHREN ERKANNT.

Damit unser Körper optimal funktioniert und alle Stoffwechselvorgänge reibungslos ablaufen, muss das Verhältnis zwischen Säuren und Basen ausgeglichen sein. Schon geringe Schwankungen können zu Krankheiten wie Hautproblemen, Konzentrationsstörungen, Muskel- und Gelenkschmerzen sowie Osteoporose führen. Der Grund: In saurem Milieu funktionieren unsere Körperzellen, Enzyme und Hormone weniger effizient. Vor einem ungesunden Säure-Basen-Ungleichgewicht schützen uns sogenannte Puffersysteme, die von Haus aus im Organismus aktiv sind. Sie können überschüssige Säuren binden und, falls nötig, wieder freisetzen. Vor allem das Blutsystem, aber auch Lungen und Nieren puffern Säuren ab bzw. scheiden sie aus.

SÄUREN UND BASEN – WAS STECKT DAHINTER?

Säuren und Basen sind Stoffwechselendprodukte, die bei der Verdauung entstehen. Chemisch gesehen, handelt es sich bei einer Säure um eine Substanz, die in wässriger Umgebung in der Lage ist, positiv geladene Wasserstoffionen (H^+) an ihre Umgebung abzugeben. Dabei ist diese Substanz umso saurer, je mehr Wasserstoffionen sie abgeben kann. Im Gegensatz dazu wird ein Stoff, der Wasserstoffionen aufnimmt und damit Säuren neutralisiert, als Base oder auch als alkalische Substanz bezeichnet.

> ⚛ **INFO** ⚛
>
> **Wie alles begann: Das Wissen um den gesundheitlichen Wert von Basen in der täglichen Ernährung ist schon über 100 Jahre alt. Der schwedische Ernährungsforscher Carl Gustav Ragnar Berg (1873–1956) unterteilte die Lebensmittel nach ihrer Eigenschaft, Säuren oder Basen zu bilden. Seine Theorie besagt, dass alle mit der Nahrung zugeführten Nährstoffe nur dann optimal ausgenutzt werden können, wenn gleichzeitig ein Überschuss an Basen aufgenommen wird.**

DER **PH-WERT**

Das Maß für das Verhältnis von Säuren und Basen ist der sogenannte pH-Wert (potentia Hydrogenii; Wirksamkeit des Wasserstoffs). Er gibt Auskunft darüber, wie sauer oder basisch eine Substanz ist. Als Faustregel für die Ernährung gilt: Je höher der pH-Wert eines Lebensmittels ist, desto basischer wirkt es in unserem Organismus. So liegt zum Beispiel koffeinhaltige Limonade mit einem pH-Wert von 3,5 ähnlich wie Kaffee (pH 4) oder Fleisch (pH 5) im sauren Bereich. Werte von über 7, wie beispielsweise bei Obst, Kartoffeln oder Gemüse, gelten dagegen als basisch (einen Überblick gibt die Tabelle auf Seite 14).

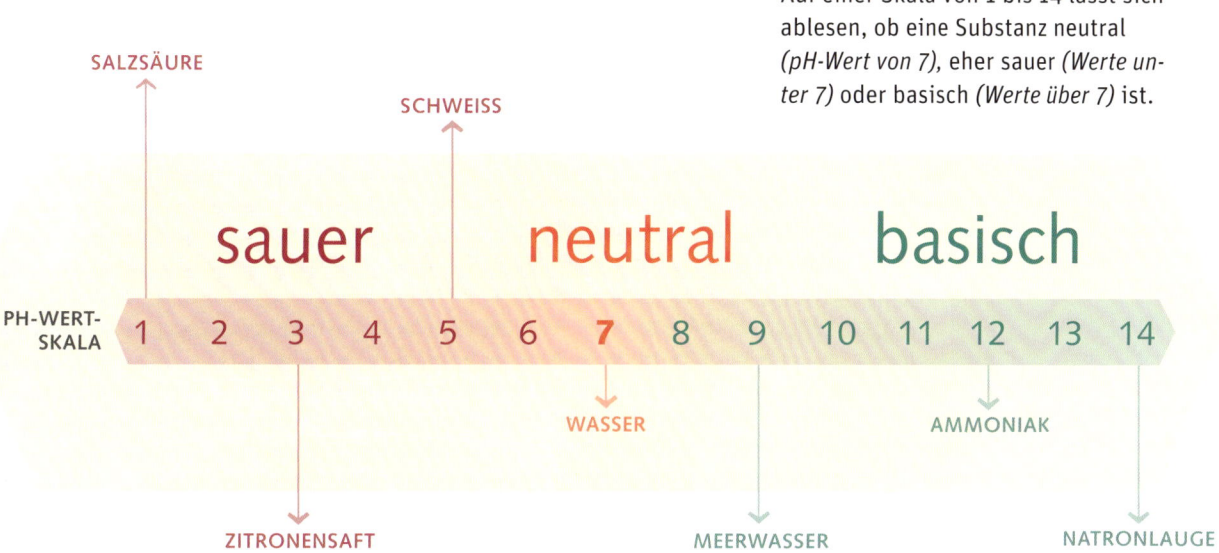

Auf einer Skala von 1 bis 14 lässt sich ablesen, ob eine Substanz neutral *(pH-Wert von 7)*, eher sauer *(Werte unter 7)* oder basisch *(Werte über 7)* ist.

NICHT DER **GESCHMACK ENTSCHEIDET**

Es gibt eine ganze Reihe von Lebensmitteln, die zwar auf der Zunge sauer schmecken, durch die Verdauung in unserem Körper aber Basen bilden, zum Beispiel Essiggurken. Andere wiederum, wie beispielsweise Frischkäse oder Nudeln, haben einen neutralen Geschmack, wirken aber als sogenannte Säurebildner und können damit unseren Organismus belasten. Zu dieser Gruppe zählen übrigens auch Lebensmittel wie Gebäck, Kuchen oder zuckersüße Limonaden, die keineswegs sauer schmecken.

WICHTIG: **DER PROTEINGEHALT**

Säuren entstehen in unserem Körper vor allem beim Abbau von Eiweiß aus der Nahrung. Denn Eiweiß setzt sich aus vielen einzelnen Aminosäuren zusammen, die fast alle Schwefel enthalten. Der Körper scheidet überschüssigen Schwefel als Säure wieder aus. Fazit: Je mehr Eiweiß (aus Fleisch, Fisch und Eiern sowie Hülsenfrüchten und reifem Käse) wir essen, umso mehr Säure entsteht im Körper.

VEGETARIER IM VORTEIL

Pflanzliche Lebensmittel wie Gemüse, die meisten Obstsorten, Nüsse, Samen, einige Hülsenfrüchte und Vollkornprodukte enthalten wenig Eiweiß und zusätzlich reichlich basische Mineralstoffe. Deshalb grünes Licht für Vegetarier: Bei Salat, Gemüse, Obst und Co. dürfen sie beherzt zugreifen – mit ihnen ist der Körper in der Lage, die im Stoffwechsel vorkommenden Säuren zu neutralisieren. Rotes Licht für alkohol- oder koffeinhaltige sowie stark industriell verarbeitete Nahrungsmittel – sie wirken säurebildend.

⇾ DAS PRINZIP ⇽

Iss nur, was aus der Natur kommt, wenig Zucker enthält und möglichst unverarbeitet ist. So könnte man die Ernährungsweise nach dem Säure-Basen-Prinzip knapp zusammenfassen. Bei den täglichen Mahlzeiten stehen Gemüse, Obst, Kartoffeln, Vollkornprodukte und bestimmte Hülsenfrüchte im Mittelpunkt.

ZU VIELE SÄUREN
MACHEN KRANK

KLEINE SCHWANKUNGEN IM SÄURE-BASEN-HAUSHALT MÜSSEN UNS KEINE SORGEN MACHEN. DER KÖRPER BEFINDET SICH IM STETIGEN AUF- UND ABBAU. ANDERS SIEHT ES BEI EINER **DAUERHAFTEN ÜBER-SÄUERUNG** AUS – SIE IST FÜR UNSEREN ORGANISMUS UNGESUND. DIE FOLGEN DES SÄURE-STAUS: KONZENTRATIONSSTÖRUNGEN UND KOPFSCHMERZEN, MUSKEL- UND KNOCHENBESCHWERDEN.

„Du bist, was du isst", heißt es in einem alten Sprichwort. Und in der Tat ist daran viel Wahres. Schließlich wird der pH-Wert unseres Körpers durch den Stoffwechsel reguliert und verändert sich, je nachdem was und wie viel säure- oder basenbildende Lebensmittel wir essen.

SÄUREN ENTSTEHEN **IM KÖRPER**

Solange man sich ausgewogen ernährt, kann der Organismus ein entstehendes Ungleichgewicht locker ausgleichen. Denn Blut, Knochen, Haut, Lungen, Nieren, Leber und Darm fungieren als Puffer, die den Körper vor einem Säureüberschuss schützen. So werden Säuren in Form von Kohlendioxid über die Lungen abgeatmet, in der Leber verstoffwechselt oder über Darm und Nieren ausgeschieden. Ernähren wir uns sehr säurereich oder bewegen uns zu wenig, gerät das natürliche Puffersystem aus dem Gleichgewicht, es kommt zu einer Übersäuerung (Azidose).

DIE VERSCHIEDENEN ARTEN DER ÜBERSÄUERUNG

Übersäuerung ist aber nicht gleich Übersäuerung. Experten unterscheiden zwischen einer latenten, chronisch latenten und einer akuten Übersäuerung. Latent heißt, dass die Übersäuerung noch nicht sichtbar oder spürbar ist, sondern lediglich ein leichtes Ungleichgewicht besteht. Ernährt man sich weiterhin, das heißt über mehrere Jahre hinweg, säurebetont, kann hieraus eine chronisch latente Azidose entstehen. Dann sind bereits Beschwerden spürbar, weil die Puffersysteme im Organismus überfordert sind und keinen Ausgleich mehr schaffen können. Eine akute Übersäuerung ist schon ein medizinischer Notfall – man geht davon aus, dass alle Puffersysteme im Körper ausgefallen sind. Hier helfen nur medizinische Maßnahmen, eine reine Ernährungsumstellung wäre nicht ausreichend.

Ideal ist ein Blut-pH-Wert von etwa 7,4. In diesem leicht basischen Bereich läuft die Regulation optimal. Der pH-Wert der meisten Organe und Sekrete im Körper bewegt sich im basischen Bereich, lediglich der Mageninhalt ist stark sauer. Aber: Die saure Umgebung im Magen ist unerlässlich für eine effektive Verdauung.

> ⚹ **TIPP** ⚹
>
> Experten bestätigen, dass nicht ausschließlich der Säuregrad der Lebensmittel entscheidend ist, sondern auch die Art und Weise, wie wir essen. So kann ein eilig auf dem Weg ins Büro verschlungenes Sandwich oder vor dem Fernseher verzehrtes Abendessen zu einer Säurebelastung führen. Achten Sie daher auf eine ruhige Umgebung beim Essen.

ANZEICHEN FÜR EINEN ÜBERSÄUERTEN KÖRPER

Um die Säuren zu neutralisieren, benötigt der Organismus große Mengen an Mineralstoffen und zapft seine Depots in Blutsystem, Intrazellularraum, Knochen, Zähnen und Organen an. Forschen Sie nach! Häufige Erkältungen können beispielsweise die Folge einer Übersäuerung sein. Aber auch andere Symptome deuten auf ein Ungleichgewicht im Säure-Basen-Haushalt hin:

» **Trockene Haut und Cellulitis:** Überschüssige Säure senkt die Wasserbindungskapazität des Bindegewebes. Die Folge: Die Haut wird weniger elastisch.

» **Sehnen und Bänder:** Auch hier führt die herabgesetzte Wasserbindungskapazität zu einer verminderten Elastizität.

» **Konzentrationsstörungen und Kopfschmerzen:** Säure reduziert die Verfügbarkeit von Blutsauerstoff, der dem Gehirn dann fehlt, um voll leistungsfähig zu sein. Zu viel Säure stimuliert außerdem die Schmerzrezeptoren; Kopfschmerzen und Migräne treten häufiger auf.

» **Immunsystem:** Durch chronische Übersäuerung werden die Abwehrkräfte geschwächt.

» **Muskelschmerzen:** Kann das Blutsystem nicht mehr allein die Säurelast abpuffern, werden überschüssige Säuren in Muskeln und Bindegewebe abgelagert. Dauerhafte Übersäuerung kann so zu chronischen Schmerzen führen.

» **Knochen:** Ein lang anhaltender Säureüberschuss lässt die Stabilität der Knochen schwinden und begünstigt Osteoporose. Denn unser Organismus versucht, die anfallenden Säuren mit Mineralstoffen aus den Knochen wieder zu neutralisieren.

» **Nieren:** Nierensteine treten im chronisch übersäuerten Organismus öfter auf als in einem ausgeglichenen.

» **Gicht und Rheuma:** Schmerzhafte Entzündungen der Gelenke können die Folge eines zu hohen Harnsäuregehalts im Blut sein, ebenso weisen Muskulaturverhärtungen auf Übersäuerung hin.

GESUNDE **SCHWANKUNGEN**

Dem optimal funktionierenden Puffersystem in unserem Körper haben wir es zu verdanken, dass der pH-Wert des Bluts im Normalfall immer konstant bleibt. In Speichel und Urin finden sich im Tagesverlauf allerdings deutliche Schwankungen. Dies ist völlig normal.

Wenn Sie Ihren Säurestatus zu Hause messen möchten, ist es deshalb sinnvoll, über einige Tage hinweg mehrere Messungen durchzuführen. Besorgen Sie sich Teststreifen (zur Urin-pH-Messung) in der Apotheke und halten diese kurz in den Urinstrahl oder fangen den Urin in einem Gefäß auf und tauchen den Teststreifen dann kurz ein. Ideal sind sieben Messungen pro Tag, und zwar jeweils vor und nach dem Frühstück, Mittag- und Abendessen sowie kurz vor dem Schlafengehen. Wer ganz sichergehen möchte, kann den Urin in zertifizierten Speziallabors untersuchen lassen. Diese haben die Möglichkeit, den Urin detaillierter zu untersuchen und so einen genaueren Säure-Basen-Status zu ermitteln.

> ⇒ **TIPP** ⇐
>
> **Um das Testergebnis nicht zu verfälschen, ist es wichtig, an dem Tag auf Tabletten oder Nahrungsergänzungsmittel zu verzichten. Zudem können bestimmte Medikamente (z. B. Aspirin) säurebildend wirken.**

Der pH-Wert im Urin ist im Normalbereich, solange er generell zwischen 5,3 und 6,8 schwankt. Liegt der pH-Wert vor dem Frühstück oder kurz vor dem Schlafengehen unter 6, ist dies normal und kein Grund zu Besorgnis. Wichtig ist, dass sich die Werte nach den Mahlzeiten 7,4 annähern oder diesen Wert sogar überschreiten, also neutral bis basisch sind. Sollten Sie mit Ihren Urin-Werten stärker im sauren Bereich liegen, weist das auf eine Übersäuerung des Organismus hin.

TEST: BIN ICH ZU SAUER?

BEANTWORTEN SIE **21 FRAGEN,** DIE SICH RUND UM GESUNDHEIT, VERDAUUNG, IMMUNSYSTEM UND PSYCHE DREHEN! MIT DIESEM TEST KÖNNEN SIE **HERAUSFINDEN,** OB UND WIE WEIT IHR SÄURE-BASEN-HAUSHALT **AUS DEM GLEICHGEWICHT** GERATEN IST.

VERDAUUNGSSYSTEM

1. Müssen Sie häufig aufstoßen, leiden unter Sodbrennen oder Völlegefühl?

Ja ◯ Nein ◯

2. Haben Sie mehr als dreimal pro Woche Verdauungsstörungen wie Durchfall, Verstopfung oder Blähungen?

Ja ◯ Nein ◯

3. Leiden Sie unter Hämorrhoiden?

Ja ◯ Nein ◯

IMMUNSYSTEM

4. Liegen Sie mehr als zweimal im Jahr mit einer Erkältung bzw. einem Infekt flach?

Ja ◯ Nein ◯

5. Leiden Sie unter chronischen Entzündungen, wie zum Beispiel der Nasennebenhöhlen oder des Zahnfleischs?

Ja ◯ Nein ◯

6. Haben Sie Asthma, Heuschnupfen oder andere Allergien?

Ja ◯ Nein ◯

HAUT

7. Ist Ihre Haut eher blass?

Ja ◯ Nein ◯

8. Haben Sie Cellulitis?

Ja ◯ Nein ◯

9. Leiden Sie unter Pickeln, Akne oder Hautunreinheiten?

Ja ◯ Nein ◯

ENERGIE UND SCHLAF

10. Haben Sie häufig Kopfschmerzen oder Migräne?

Ja ◯ Nein ◯

11. Sind Ihre Augenlider in der Früh verquollen?

Ja ◯ Nein ◯

12. Können Sie schlecht einschlafen oder wachen nachts oft auf?

Ja ◯ Nein ◯

STIMMUNG

13. Fühlen Sie sich oft müde, schlapp und antriebslos?

Ja ◯ *Nein* ◯

14. Sind Sie leicht reizbar oder gestresst?

Ja ◯ *Nein* ◯

15. Können Sie sich schlecht konzentrieren?

Ja ◯ *Nein* ◯

HAARE UND NÄGEL

16. Sind Ihre Fingernägel brüchig, ist das Nagelbett entzündet?

Ja ◯ *Nein* ◯

17. Haben Sie Haarausfall?

Ja ◯ *Nein* ◯

18. Sind Ihre Haare trocken, brüchig oder übermäßig fettig?

Ja ◯ *Nein* ◯

ALLGEMEINER GESUNDHEITSZUSTAND

19. Leiden Sie unter einer Osteoporose (Knochenbrüchigkeit)?

Ja ◯ *Nein* ◯

20. Haben Sie mit Nierensteinen zu kämpfen?

Ja ◯ *Nein* ◯

21. Und Ihre Gelenke? Waren Sie schon mal wegen Gicht beim Arzt?

Ja ◯ *Nein* ◯

AUSWERTUNG

Zählen Sie zusammen, wie oft Sie Ja angekreuzt haben. Je öfter das Kreuzchen bei Ja steht, umso wichtiger wird für Sie die Umstellung auf basenreiche Kost.

Sie haben weniger als fünfmal Ja angekreuzt:

Ihr Körper ist selten und wenn nur gering mit säurebildenden Nahrungsmitteln überschwemmt. Trotzdem können Sie von einer basenreichen Ernährung profitieren und kommenden Beschwerden vorbeugen.

Sie haben mehr als fünfmal Ja angekreuzt:

Die von Ihnen angekreuzten Symptome sind eindeutige Hinweise auf eine Übersäuerung des Körpers. Wenn Sie säurebildende Lebensmittel (siehe Tabelle Seite 14) vom Speiseplan streichen und mehr basenreiche Gerichte essen, werden Sie sich bald viel besser fühlen.

Sie haben mehr als zehnmal Ja angekreuzt:

Sie sollten Ihre Ernährung langfristig umstellen, Stress reduzieren und ein einwöchiges Basenfasten einlegen, um den Säure-Basen-Haushalt wieder ins Gleichgewicht zu bringen und in Form zu kommen. Vorschläge für eine Basenwoche finden Sie auf Seite 134.

> ⇻ **TIPP** ⇷
>
> Notieren Sie vor dem Basenfasten alle Symptome, die Ihnen bekannt vorkommen. So können Sie später feststellen, wie sich Ihre Gesundheit verbessert hat, nachdem Sie sich einige Wochen basenreich ernährt haben.

SAUER ODER BASISCH?
AUF EINEN BLICK

Stark basisch	Aubergine, Avocado, Brokkoli, Endivie, Feigen, Fenchel, grüne Bohnen, Grünkohl, Gurke, Ingwer, Kohl, Kräuter, Mandeln, Mangold, Paprika, Radieschen, Rettich, Rote Bete, Spinat, Sprossen, Tomaten, Topinambur, Trockenfrüchte, Wirsing
Basisch	Artischocke, Blumenkohl, Brunnenkresse, Buchweizen, Cashewkerne, Chiasamen, Dicke/weiße Bohnen, Eigelb, Erbsen, Frühlingszwiebeln, Granatapfel, Grapefruit, Kartoffeln, Esskastanien, Knoblauch, Kokosfett/-milch/-nuss, Kürbis, Lauch, Leinöl, Limetten, Linsen, Mandeldrink/-mus, Melone, Möhren, Olivenöl, Papaya, Pfirsich, Rhabarber, Salat, Sonnenblumenkerne, Süßkartoffel, Zitronen, Zucchini, Zwiebeln **Getränke:** ungesüßte Frucht-/Gemüsesäfte, Kräutertee, bikarbonatreiches Mineralwasser ohne Kohlensäure
Schwach basisch	Ananas, Apfel, Banane, Birne, Beeren, Couscous, Datteln (frisch), Hafer, Haselnüsse, Kichererbsen, Kirschen, Kiwi, Kürbiskerne, Mango, Meerrettich, Orangen, Pekannüsse, Pilze, Pinienkerne, Pistazien, Quinoa, Sauerkraut, Sojabohnen/-drink, Spargel, Weintrauben, Zuckerschoten **Getränke:** dunkles Bier, Hefeweizen, Pils, Schwarztee (lang gezogen)
Neutral	Amarant, Buttermilch, Champignons, Dinkel, Hirse, Joghurt, kalt gepresste Pflanzenöle, Kefir, Sahne, Süßrahmbutter, Tofu, Vollkornbrot/-pasta, Walnusskerne **Getränke:** Molke, Pflanzendrinks, Rotwein (trocken)
Schwach sauer bzw. sauer	Crème fraîche, Eiweiß, Essig, Fisch, Fleisch, Gebäck, Gemüsekonserven, Honig, Käse, Kokosblütenzucker, Mais, Meeresfrüchte, Weißmehl, helle Nudeln, Pflanzendicksaft/-sirup, Quark, weißer Reis, Schinken, Senf, Weißbrot, Wurst **Getränke:** helles Bier, Grüntee, Milch, Mineralwasser mit Kohlensäure, Sekt, Weißwein
Stark sauer	Garnelen, lange gereifter Käse, weißer Zucker **Getränke:** Espresso, helles Bier, Kaffee, koffeinhaltige und andere Limonade, Schwarztee (kurz gezogen)

7 MAGISCHE TIPPS
FÜR BASENGENUSS

DER ERSTE SCHRITT **AUF DEM WEG ZU WENIGER SÄURE** IST GANZ EINFACH: MÖGLICHST VIELE LEBENSMITTEL ESSEN, DIE IM KÖRPER BASEN BILDEN – BEI DER AUSWAHL HILFT DIE TABELLE AUF SEITE 14. UND DIE NÄCHSTEN SCHRITTE? **RUND UM DIE ERNÄHRUNG** GIBT ES NOCH WEITERE IDEEN, MIT DENEN SIE GANZ EINFACH **FÜR MEHR BASENPOWER** SORGEN.

MEHR **OBST UND GEMÜSE** ESSEN

Pflanzliche Lebensmittel sind ideal, um Säuren abzupuffern. Aber: Nur reife Früchte und Gemüse werden vom Organismus basisch verstoffwechselt. Ein Grund also, zu Sorten zu greifen, die aus der Region stammen und Saison haben. Denn die werden in der Regel reif geerntet.

AM BESTEN **GANZ NATÜRLICH**

Je weniger verarbeitete Lebensmittel Sie verzehren, umso besser. Denn Zusatzstoffe, Aromen oder Geschmacksverstärker in Fertiggerichten lassen den Säurepegel ansteigen. Kochen Sie lieber selbst: Gemüse schmeckt gedünstet, gegrillt oder auch im Wok gebraten superlecker. Rohkost nach 14 Uhr ganz meiden: Sie ist schwerer verdaulich und kann Blähungen verursachen.

REGELMÄSSIGE **MAHLZEITEN**

Die beste Säure-Basen-Kur bringt nichts, wenn Sie Mahlzeiten ausfallen lassen oder sich spät abends den Bauch vollschlagen. Nachts arbeitet das körpereigene Entgiftungsprogramm schließlich auf Hochtouren. Es wäre doch schade, wenn dieser Prozess durch ein üppig und spät eingenommenes Abendessen gestört würde.

KRÄUTERWÜRZE STATT SALZ

Setzen Sie frische Kräuter verschwenderisch ein. Oregano, Rosmarin oder Basilikum liefern jede Menge hochwirksamer Vitamine und Mineralstoffe sowie ätherische Öle, Gerb- und Bitterstoffe, die ihnen Duft und Geschmack verleihen. Weil sich so die Salzmenge beim Kochen reduziert, wird der Körper zusätzlich entlastet.

FLEXIBEL BLEIBEN

Starre Ernährungsregeln können einem ganz schön den Spaß verderben. Man hält sie ohnehin nicht ein und hat die ganze Zeit ein schlechtes Gewissen. Lassen Sie sich also Spielraum für gelegentliche Genussmomente, dann fällt es viel leichter, die Ernährung umzustellen.

NEHMEN SIE **SICH ZEIT**

Setzen Sie sich zum Essen hin und kauen Sie langsam und gründlich. Probieren Sie aus, ein Stück Apfel oder Vollkornbrot mindestens 30-mal zu kauen. Wenn Sie der Mahlzeit mehr Beachtung schenken, merken Sie früher, dass Sie eigentlich schon satt sind, und essen insgesamt weniger.

NAHRUNGSERGÄNZUNG UNNÖTIG

In Apotheken werden zahlreiche Mittel angeboten, die einer Übersäuerung entgegenwirken sollen. Lassen Sie besser die Finger davon. Denn wenn die Magensäure durch falsch dosierte Basenmischungen neutralisiert wird, kann es zu erheblichen Verdauungsstörungen kommen. Halten Sie sich lieber an basische Lebensmittel.

BASENKLASSIKER
MIT MEHRWERT

VORHANG AUF FÜR **ACHT BASISCHE SUPERSTARS**, DIE IHNEN
GUTTUN WERDEN: SIE BRINGEN IHREN SÄURE-BASEN-HAUSHALT
INS GLEICHGEWICHT, WEIL SIE STARKE BASENBILDNER SIND.
UND WEGEN IHRER WERTVOLLEN INHALTSSTOFFE WURDEN
SIE VON ERNÄHRUNGSWISSENSCHAFTLERN AUSSERDEM IN
DIE **TOPLIGA DER GESÜNDESTEN LEBENSMITTEL** GEWÄHLT.

BUCHWEIZEN

Die dunkelbraunen Früchte des Buch-
weizens schmecken kräftig bis bitter.
Das Eiweiß, das in der Pflanze steckt,
ist von hoher biologischer Wertigkeit.
Das heißt, der Körper kann es
besonders gut verwerten.

ÄPFEL

Das saftige Kernobst wirkt wie eine Frischedusche
für die Zellen: Die enthaltenen Ballaststoffe bringen den Stoffwechsel in Gang, Fruktose verbes-
sert die Konzentrationsfähigkeit und stabilisiert
den Blutzuckerspiegel.

HEIDELBEEREN

Die rotblauen Früchte gelten als echte Detox-
Wunder. Sie wirken blutreinigend, denn ihre
Eisenmoleküle binden Giftstoffe und transpor-
tieren diese ab. Zugleich fördern sie deren Aus-
scheidung über die Harnwege.

SALAT

Die Blätter füllen den Magen mit lächerlich wenigen 12 Kalorien pro 100 Gramm. Wer mag, mischt je eine Handvoll Rucola oder Radicchio unter. Die schmackhaften Italiener punkten mit vielen Bitterstoffen, die Verdauung und Gallenfluss anregen.

PILZE

Die kulinarischen Bodenschätze enthalten kaum Fett, dafür besonders viel Vitamin D, das der Körper normalerweise aus Sonnenlicht selbst herstellt. Damit auch an trüben Tagen genügend davon produziert wird, sollten Pilze regelmäßig auf den Tisch kommen.

KARTOFFELN

Die Knollen enthalten viel Vitamin C sowie die Mineralstoffe Kalium und Magnesium, die Körper und Muskeln in Form halten.

MÖHREN

Schon 100 Gramm decken mit 1,7 mg Betacarotin den empfohlenen Tagesbedarf. Betacarotin ist fettlöslich – daher braucht es immer etwas Öl oder Butter, damit das Vitamin vom Körper aufgenommen werden kann.

BROKKOLI

Die grünen Röschen liefern sehr viel Kalium. Dieser Mineralstoff sorgt dafür, dass stark beanspruchte Muskeln in der Lage sind, weiter mit voller Kraft zu arbeiten.

SUPERFOODS
MIT BASENPOWER

DIESE LEBENSMITTEL SOLLTEN SIE **MÖGLICHST HÄUFIG** AUF IHREN SPEISEPLAN SETZEN. SIE SIND NICHT NUR BASEN-BILDEND, SONDERN ZÄHLEN AUCH ZU DEN **SUPERFOODS**, SIE BESITZEN ALSO EINEN ÜBERDURCHSCHNITTLICH HOHEN ANTEIL **AN GESUNDEN NÄHRSTOFFEN.** SCHON IN KLEINSTEN MENGEN MACHEN SIE FITTER UND GESÜNDER.

AVOCADO
Die nussig schmeckende Tropenfrucht enthält beachtliche Mengen an Vitamin E, das als natürlicher Jungbrunnen gilt. Biotin, ein weiterer Stoff aus der Anti-Aging-Liga, sorgt in Kombination mit ungesättigten Fettsäuren für einen frischen Teint. Um spürbare Effekte zu erzielen, pro Woche zwei bis drei Avocados essen.

MANDELMUS
Mandeln und auch das daraus hergestellte Mus versorgen die Körperzellen mit viel Vitamin E, das sie vor dem Angriff freier Radikale schützt und eine natürliche Anti-Aging-Wirkung besitzt.

CHIASAMEN
Ihr Kalziumgehalt ist höher als der von Milch. Das Mineral bringt laut einer Studie der Universität Tennessee vor allem das Bauchfett zum Schmelzen. Ideal: morgens einen Löffel übers Müsli streuen.

KICHERERBSEN

Ihre Kohlenhydrate sind so komplex aufge-
baut, dass sie ganz langsam verdaut werden
und den Blutzuckerspiegel über mehrere
Stunden auf Optimal-Niveau halten.

GRÜNKOHL

Grünkohl enthält jede Menge Vitamin A, C
und K, wichtige Mineralstoffe wie Kalium
und Magnesium sowie sekundäre Pflanzenstoffe und Antioxidanzien.

LEINÖL

Das aus Leinsamen gewonnene Öl
gehört zu den gesündesten Speise-
ölen überhaupt. Mit 54 Gramm
Omega-3-Fettsäuren auf 100 Gramm
zieht es mühelos an Rapsöl, Olivenöl und Co. vorbei. Selbst in Meeres-
fisch stecken nur gerade mal
3 Gramm Omega-3-Fettsäuren.

QUINOA

Ihr perfekter Mix aus Eiweiß und Kohlenhydraten
liefert dem Körper nachhaltigen Brennstoff, der
ihn über Stunden leistungsfähig hält. Weitere
Pluspunkte der glutenfreien Körner: Sie enthalten
beachtliche Mengen an Magnesium, das die
Nerven beruhigt, und viel Mangan, ein Spuren-
element mit stimmungsaufhellender Wirkung.

WASSER –
DAS LEBENSELIXIER

IM GRUNDE IST ES DOCH SO EINFACH: MAN MUSS NUR **REICHLICH TRINKEN!** AUF DIESE WEISE KANN UNSER ORGANISMUS ÜBERSCHÜSSIGE SÄUREN SPIELEND LEICHT AUSSCHWEMMEN. DENN UNSER **KÖRPEREIGENES REINIGUNGSSYSTEM** LÄSST SICH AUF SANFTE ART AKTIVIEREN: SCHLUCK FÜR SCHLUCK UND AM BESTEN MIT **BASENBILDENDEN GETRÄNKEN** WIE MINERALWASSER.

Wer viel trinkt, gibt dem Körper die Möglichkeit, belastende Stoffe und Säuren schneller wieder loszuwerden. Natürliches Mineralwasser ohne Kohlensäure und mit reichlich Bikarbonat ist am besten geeignet. Ideal wäre, wenn Sie auf etwa zwei Liter Flüssigkeit pro Tag kommen. Dabei muss es auch nicht immer nur Wasser sein. Auch ungesüßter Kräutertee wirkt sich positiv auf die Säure-Basen-Bilanz aus. Zwischendurch löschen ungesüßte Frucht- oder Gemüsesäfte den Durst.

UNTERSTÜTZUNG AUS DER NATUR

Einige Heilpflanzen haben einen säureregulierenden Effekt. So fördern Lindenblüten oder Zitronenmelisse die Entsäuerung, Brennnesseln regen den Stoffwechsel an und Ingwer besitzt eine reinigende, vitalisierende Wirkung. Meiden sollten Sie Fertigmischungen aus Früchten oder Aromen. Warum? Fruchtzusätze bilden vermehrt Säuren, Aromastoffe irritieren die Geschmacksnerven.

VERZICHTEN SIE AUF ALKOHOL!

Egal, ob Wein, Bier oder hochprozentige Cocktails: Der enthaltene Alkohol hat eine stark säurebildende Wirkung. Was erschwerend hinzukommt: Alkohol entwässert den Organismus, mit der Folge, dass basische Mineralstoffe wie Magnesium, Kalium und Kalzium zusätzlich ausgeschwemmt werden. Trotzdem dürfen Sie sich ab und zu ein Glas Wein oder Bier genehmigen.

Setzen Sie dabei auf Pils, dunkles Bier oder Hefeweizen – sie liegen alle noch im basischen Bereich. Helles Bier wirkt dagegen bereits sauer. Verantwortlich dafür ist der unterschiedliche Brauprozess der Biersorten.
Wein in Maßen ist ebenfalls erlaubt, vor allem wenn Sie zu trockenem Rotwein greifen. Der liefert wertvolle sekundäre Pflanzenstoffe, die das Herz gesund halten. Auch für Weißwein gilt: bevorzugt trocken ausgebaute Sorten wählen. Weil sie Kohlensäure enthalten, zählen Prosecco, Sekt und Champagner zu den Säurebildnern und sollten aus diesem Grund wirklich nur an Festtagen genossen werden.

⚛ INFO ⚛

Welches Wasser ist das richtige? Im Handel werden unzählige Mineral-, Heil- oder Quellwässer angeboten. Sie alle sind zum Reinigen der Körperzellen geeignet. Achten Sie beim Kauf dennoch auf den Gehalt an Hydrogen- bzw. Bikarbonat. Er sollte bei ca. 600 Milligramm pro Liter liegen. Kommen zusätzlich reichlich basenbildende Mineralstoffe wie Magnesium, Kalium und Kalzium dazu, können Sie allein durch Trinken Ihren Säure-Basen-Haushalt gut in Balance halten.

DIE BESTEN **BASENTEES**

DIESES TEE-QUARTETT **UNTERSTÜTZT DEN KÖRPER** BEIM SÄURE-AUSGLEICH UND LIEFERT WEITERE **GESUNDHEITS-BENEFITS** GLEICH MIT: ALS ENERGIE- UND IMMUNBOOSTER ODER ANTI-AGING-DRINK.

ENERGIEMIX MIT CRANBERRYS
Etwas weißen Tee im heißen Wasser (ca. 80 °C) 2 bis 3 Minuten ziehen lassen. 1 EL getrocknete Cranberrys und 4 Minzeblätter dazugeben und alles noch etwa 15 Minuten ziehen lassen.

ANTI-AGING MIT GOJIBEEREN
1 EL getrocknete Gojibeeren in eine Tasse geben und mit kochendem Wasser übergießen. Zugedeckt etwa 10 Minuten ziehen lassen. Nach Geschmack mit Honig oder Ahornsirup süßen. Die Gojibeeren können Sie nach Belieben mitessen.

ENTSÄUERUNG MIT ORANGENBLÜTEN
Je ½ TL Brombeer- und Himbeerblätter sowie Orangenblüten in eine Tasse geben und mit kochendem Wasser übergießen. Zugedeckt etwa 10 Minuten ziehen lassen. Tee in ein Sieb abgießen, abkühlen lassen.

IMMUNBOOSTER MIT INGWER
1 Stück Ingwer (ca. 3 cm) in Scheiben schneiden. ½ Stange Zitronengras schälen und klein schneiden. Zitronengras und Ingwer mit ½ Zweig Rosmarin in ein Glas geben, mit kochendem Wasser übergießen und etwa 10 Minuten ziehen lassen. Dann 1 TL Honig einrühren.

SCHRITT FÜR SCHRITT ZUR
SÄURE-BASEN-BALANCE

JETZT KANN ES LOSGEHEN MIT DER BASISCHEN ERNÄHRUNG! BEREICHERN SIE IHREN SPEISEPLAN MIT FRISCHEM OBST, KNACKIGEN SALATEN UND LECKEREM GEMÜSE, PROBIEREN SIE **DIE REZEPTE** IN DIESEM BUCH AUS UND LASSEN SIE SICH ANHAND DER TABELLE AUF SEITE 14 ZU **EIGENEN KREATIONEN** ANREGEN. WICHTIGE **TIPPS UND TRICKS** HELFEN IHNEN BEIM EINSTIEG!

Die richtige Kombination der täglichen Nahrung ist alles! Strenge Verbote gibt es bei der Basenkost nicht. Wichtig ist, dass das Verhältnis von Säuren und Basen stimmt.

DIE 80:20-REGEL FÜR DEN ALLTAG

Um die Säuren zu neutralisieren, die durch Proteinlieferanten wie Fleisch, Fisch, Eier, Milch- oder Getreideprodukte, Brot, Pasta oder auch einige Hülsenfrüchte entstehen, benötigt der Körper eine gute Portion Basenbildner. Als Faustregel empfiehlt sich ein Verhältnis von 80 Prozent Basenbildnern zu 20 Prozent säurebildenden Lebensmitteln. Oder einfacher gesagt: Man sollte immer die vierfache Menge an Gemüse, Salat oder Obst im Verhältnis zu Steak oder Fisch essen (siehe Tipp). So lässt sich ein möglicher Säureüberschuss im Essen sofort ausgleichen. Wer Pasta, Brot oder Reis liebt, darf diese auch weiterhin genießen. Wichtig ist es, auf die Vollkornvariante zu setzen und dazu eine große Schüssel Salat oder Gemüse zu servieren. Praktisch: Die Rezepte in diesem Buch sind alle so konzipiert, dass sie die empfohlene 80:20-Regel einhalten. Bitte aufpassen: Um diese Regel einzuhalten, läuft man schnell Gefahr, zu große Portionen zu essen. Besser verkleinert man also die Säurebildner wie Fleisch, Fisch, Eier oder Milchprodukte bzw. die Beilagen wie Brot, Pasta und Reis – anstelle Unmengen an Basenbildnern als Ausgleich draufzulegen.

DER **WOCHENPLAN**

Im Anschluss an die Rezepte finden Sie am Ende des Buchs einen Ernährungsplan für eine Basenwoche mit Frühstück und je einem größeren und kleineren Gericht – damit Ihnen der Einstieg leichter fällt und als Anregung, wie man die Rezepte gut kombinieren kann (siehe Seite 134). Wenn Ihnen drei Mahlzeiten nicht reichen, können Sie sich zwischendurch über den kleinen Hunger hinwegsnacken: einfach einen Apfel, eine Pflaume oder ein anderes Stück Obst genießen. Der darin enthaltene moderate Zuckeranteil vertreibt die Naschlust ganz schnell, ohne das Säu-

> ⊰ **TIPP** ⊱
>
> Beachten Sie immer, dass die Säurelast pro 100 Gramm Fleisch oder Fisch größer ist als die der Basenladung pro 100 Gramm Gemüse bzw. Obst. Versuchen Sie deshalb, innerhalb einer Mahlzeit mengenmäßig mehr basische als saure Lebensmittel zu essen. Wenn Sie also ein 150-Gramm-Schnitzel auf dem Teller haben, sollten Sie dazu die vierfache Menge Gemüse oder Salat kombinieren – das wären in etwa 600 Gramm.

rekonto zu belasten. Genauso gut sind eine Möhre, ein Stück Kohlrabi oder eine Handvoll Nüsse oder Kerne zum Knabbern. Auch ein Riegel Bitterschokolade (mindestens 70 % Kakaoanteil) oder pikantes Popcorn sind als Basen-Snacks erlaubt.

⧽ TIPP ⧼

Falls Sie einmal säuretechnisch über die Stränge geschlagen haben, können Sie das im Nachhinein ausgleichen. Allerdings braucht es Zeit, wieder eine gesunde Säure-Basen-Balance herzustellen. Etwas schneller klappt die Neutralisation, wenn Sie Trockenfrüchte essen und Gemüsebrühe oder (viel) stilles Mineralwasser trinken.

TRINKEN NICHT VERGESSEN

Auch hilfreich bei Heißhunger: viel trinken. Für ein volles Basenkonto sollte es am besten mineralstoffreiches Wasser sein, aber auch Kräutertees (selbst gemachte Basentees, siehe Seite 21) sowie Gemüse- und Obstsäfte ohne Zuckerzusatz sind basisch. Trinken Sie idealerweise etwa zwei Liter über den Tag verteilt.

ETIKETTENSCHWINDEL?
DAS STECKT DAHINTER

Wenn Sie sich beim Einkauf nicht sicher sind, ob ein Lebensmittel gesund ist oder nicht, sollten Sie das Etikett genau studieren. Lassen Sie sich von folgenden Bezeichnungen nicht täuschen:

▸ „Ohne Zuckerzusatz": Dem Produkt dürfen zwar keine Ein- und Zweifachzucker oder süßende Lebensmittel zugefügt sein. Das Produkt kann aber von Natur aus süß sein und wie Fruchtsaft 5 bis 15 % Zucker enthalten.

▸ „Ohne Kristallzucker": Bitte wortwörtlich nehmen! Außer Saccharose, unserem üblichen Haushaltszucker, können alle anderen Zucker enthalten sein – und zwar in großer Menge!

▸ „Ohne Geschmacksverstärker": Vorsicht, wenn Hefeextrakt, Sojaprotein, Sojasauce, Tomatenpulver oder Würze in der Zutatenliste auftauchen: Das ist nichts anderes als „natürliches" Glutamat. Und Glutamat zählt leider zu den säurebildenden Substanzen.

IHR SÄURE-BASEN-TAGEBUCH

Sicher wird es anfangs nicht immer ganz einfach sein, sich an alle Vorgaben zu halten. Und auch wenn eine Besserung der durch eine Übersäuerung verursachten Symptome nicht sofort eintritt, sollten Sie sich nicht verunsichern lassen. Geben Sie Ihrem Körper die Zeit, die er für die Umstellung braucht. Notieren Sie jeden Tag, was Sie gegessen und getrunken haben, und auch, wie Sie sich dabei fühlen. So können Sie mit der Zeit herausfinden, was Ihnen guttut und was nicht.

ABNEHMEN DURCH
SÄURE-BASEN-ERNÄHRUNG

Mittel- bzw. langfristig gesehen, können Sie mit der basenbetonten Ernährung natürlich auch abnehmen. Denn sobald überschüssige Säuren aus dem Körper transportiert wurden, können Stoffwechsel und Fettverbrennung wieder ungestört ablaufen.

Wichtig: Mit Bewegung lassen sich sowohl der Abnehmeffekt als auch der Basenausgleich noch verstärken. Schließlich atmen wir beim Sport vermehrt ein und aus – und entsäuern dadurch über die Lungen automatisch. Bewegen Sie sich also am besten täglich, gern mehr als 30 Minuten, nach Lust und Laune drinnen oder draußen: Joggen, Walken, Spazierengehen, Schwimmen, Tanzen, Hüpfen …

Wer eine richtige Entsäuerungskur durchführen möchte, findet dafür im Rahmen der Naturheilkunde verschiedene Angebote. Egal, ob allein zu Hause oder in der Gruppe in einer Kurklinik, ob eine, zwei oder drei Wochen – Angebote wie Buchinger-Heilfasten, F.-X.-Mayr-Heilfasten oder einfach Basenfasten helfen bei der Umstellung auf eine basenbetonte Ernährung.

FRÜHSTÜCK

Aufstehen und mit **SCHWUNG IN DEN TAG** starten: Diese Power-Rezepte für den Frühstückstisch machen **DEN MORGEN ZUM FREUND.** Mit knusprigen Müslis, saftigem Brot, Energy-Drinks und selbst gemachten Aufstrichen wird man mit **MIT GENUSS HELLWACH!**

CHIA-KNUSPERMÜSLI
MIT ANANAS ◉ ◉

Superfood für einen Superstart in den Tag: Chiasamen mit knusprigem Mandel-Kokos-Crunch, frischer Ananas und cremigem Sojajoghurt sind das Hallo-wach-Rezept für mehr Energie.

ZUTATEN FÜR 4 PERSONEN
3 gehäufte EL Chiasamen
¼ l Kokoswasser
60 g Mandeln
2 EL natives Kokosöl
6 EL kernige Haferflocken
3 EL Kokosraspel
4 TL Kokosblütenzucker
500 g Ananas
500 g Sojajoghurt
2 frische Datteln

ZUBEREITUNG: 30 Min.
EINWEICHEN: 12 Std.
(am besten über Nacht)
PRO PORTION ca. 420 kcal,
13 g EW, 26 g F, 29 g KH

1 Am Vortag die Chiasamen in einer Schüssel mit dem Kokoswasser verrühren. 10 Minuten quellen lassen, nochmals umrühren und zugedeckt 12 Stunden – am besten über Nacht – im Kühlschrank quellen lassen.

2 Am nächsten Morgen die Mandeln fein hacken. Das Kokosöl in einer Pfanne bei schwacher Hitze zerlassen, bis es flüssig ist. Die Haferflocken, Mandeln, 2 EL Kokosraspel und den Kokosblütenzucker dazugeben und alles unter Wenden 3 bis 4 Minuten rösten. Anschließend die Masse aus der Pfanne nehmen, kurz abkühlen lassen und bei Bedarf etwas zerbröckeln.

3 Die Ananas schälen, den Strunk entfernen und das Fruchtfleisch in feine Würfel schneiden. Den Chiapudding aus dem Kühlschrank nehmen und gut umrühren. Abwechselnd mit Knuspermüsli, Ananas und Sojajoghurt in Gläser oder Schalen schichten. Datteln längs aufschneiden, entsteinen und in kleine Würfel schneiden. Mit den übrigen Kokosraspeln auf das Müsli streuen.

TIPP
Chiasamen bekommen mit Flüssigkeit eine gelartige Konsistenz. Statt wie hier in Kokoswasser kann man sie auch einfach in Wasser quellen lassen. Oder man weicht sie in Mandel-, Hafer- oder Sojadrink bzw. ungezuckertem Fruchtsaft ein. Damit die Samen keine Klümpchen bilden, den Pudding nach 10 Minuten Quellzeit nochmals durchrühren. Wenn es schnell gehen muss, kann man Chiasamen auch sofort verwenden oder nur 10 Minuten einweichen. Ihre wertvollen Nährstoffe sind allerdings besser verfügbar, wenn die Samen über Nacht quellen konnten.

QUINOA-MÜSLI
MIT FRÜCHTEN

ZUTATEN FÜR 4 PERSONEN
150 g Quinoa
1 Orange
150 g Aprikosen
150 g Himbeeren
4 getrocknete Softaprikosen
40 g Walnusskerne
4 TL Ahornsirup
¼ TL gemahlene Vanille
8 EL Sojasahne (glutenfrei)

ZUBEREITUNG: 25 Min.
PRO PORTION ca. 360 kcal,
9 g EW, 14 g F, 44 g KH

1 Die Quinoa in einem Sieb heiß abbrausen. Die Orange halbieren, auspressen und den Saft mit Wasser auf 300 ml auffüllen. Die Mischung in einem Topf zum Kochen bringen, Quinoa einstreuen und zugedeckt bei schwacher Hitze 15 bis 20 Minuten köcheln lassen. Dann vom Herd nehmen und offen abkühlen lassen.

2 Inzwischen die frischen Aprikosen waschen, halbieren, entsteinen und in Spalten schneiden. Die Himbeeren verlesen, waschen und trocken tupfen. Die Softaprikosen in feine Streifen schneiden. Die Walnüsse grob hacken.

3 Die Softaprikosen und zwei Drittel der frischen Aprikosen und Himbeeren sowie die Nüsse mit Ahornsirup und Vanille unter die Quinoa mischen.

4 Das Quinoa-Müsli auf Schalen verteilen. Die übrigen Früchte daraufsetzen und mit je 2 EL Sojasahne beträufeln.

TIPP
Wer morgens wenig Zeit hat, kann alternativ Quinoaflocken aus dem Bioladen verwenden und mit dem Orangensaft beträufeln. So spart man sich das Kochen.

FEIGENMÜSLI
MIT SEIDENTOFU

ZUTATEN FÜR 4 PERSONEN
50 g Mandelblättchen
2 EL Sonnenblumenkerne
2 EL Pinienkerne
100 g kernige Dinkelflocken
40 g Kastanienflocken
50 g getrocknete Cranberrys
600 g Seidentofu
4 TL Agavendicksaft
4 reife Feigen (à ca. 60 g)
2 kleine Bananen
1 EL Zitronensaft

ZUBEREITUNG: 20 Min.
PRO PORTION ca. 434 kcal,
19 g EW, 17 g F, 46 g KH

1 Die Mandeln, Sonnenblumen- und Pinienkerne in einer Pfanne ohne Fett bei mittlerer Hitze goldbraun anrösten, bis sie duften. Vom Herd nehmen und auf einem Teller abkühlen lassen.

2 Vom Mandel-Kerne-Mix 4 TL abnehmen und beiseitestellen. Den restlichen Mix mit den Dinkel- und Kastanienflocken sowie den Cranberrys mischen.

3 Den Seidentofu mit dem Agavendicksaft glatt rühren und auf vier Schalen verteilen, die Flocken-Kerne-Mischung daraufgeben.

4 Die Feigen waschen und vorsichtig trocken tupfen, die Stielansätze entfernen und die Feigen in Spalten schneiden. Die Bananen schälen und schräg in Scheiben schneiden, sofort mit Zitronensaft beträufeln, damit sie sich nicht bräunlich verfärben.

5 Die Feigen und Bananenscheiben dekorativ auf dem Müsli anrichten. Mit dem übrigen Kerne-Mix bestreuen.

HIRSEBREI
MIT BUNTEN BEEREN Ⓥ

ZUTATEN FÜR 4 PERSONEN
160 g Hirse
40 g geschroteter Buchweizen
4 EL getrocknete Cranberrys
2 Birnen (à ca. 150 g)
200 g gemischte Beeren
(z. B. Erdbeeren, Heidelbeeren,
Himbeeren)
50 g Mandeln
1 EL Pistazienkerne
300 g Naturjoghurt
4 TL flüssiger Honig

ZUBEREITUNG: 25 Min.
PRO PORTION ca. 432 kcal,
13 g EW, 13 g F, 62 g KH

1 Die Hirse mit dem Buchweizenschrot und den Cranberrys in einen Topf geben. Mit 800 ml Wasser auffüllen, aufkochen und zugedeckt bei schwacher Hitze 10 Minuten quellen lassen.

2 Inzwischen die Birnen waschen, vierteln, entkernen und quer in dünne Scheiben schneiden. Die Beeren verlesen, waschen und trocken tupfen, die Erdbeeren je nach Größe halbieren oder vierteln. Die Mandeln und Pistazien grob hacken.

3 Den Hirse-Buchweizen-Brei vom Herd nehmen und etwas abkühlen lassen. Dann den Joghurt, die Birnenscheiben und zwei Drittel der Beeren unter den Hirsebrei heben.

4 Den Hirsebrei in Schalen oder tiefen Tellern anrichten, mit den übrigen Beeren sowie den Mandeln und Pistazien bestreuen. Zuletzt mit dem Honig beträufeln.

HERBSTLICHER
APFEL-PORRIDGE ⓥ

ZUTATEN FÜR 4 PERSONEN
450 ml Haselnussdrink
75 g kernige Haferflocken
75 g Buchweizenflocken
1 kleiner Apfel
4 blaue Pflaumen
150 g grüne Weintrauben
Salz
½ TL Zimtpulver
4 EL Rosinen
6 EL Sahne
4 TL Agavendicksaft
4 EL Pekannusskerne

ZUBEREITUNG: 20 Min.
PRO PORTION ca. 432 kcal,
8 g EW, 17 g F, 58 g KH

1 In einem Topf den Nussdrink mit den Hafer- und Buchweizenflocken aufkochen und unter gelegentlichem Rühren bei schwacher Hitze 10 bis 15 Minuten köcheln lassen, bis die Flocken gequollen sind und ein sämiger Brei entstanden ist.

2 Inzwischen den Apfel waschen und vierteln, entkernen und längs in Scheiben schneiden. Die Pflaumen waschen, halbieren, entsteinen und in Spalten teilen. Die Trauben waschen, von den Stielen zupfen und halbieren.

3 Den Porridge mit 1 Prise Salz und Zimt würzen und die Rosinen untermischen. Den Brei in Schalen oder tiefen Tellern anrichten und mit der Sahne beträufeln. Die Apfelscheiben, Pflaumen und Trauben darauf anrichten, mit je 1 TL Agavendicksaft beträufeln. Pekannüsse hacken und zum Servieren über den Porridge streuen.

TIPP
Wer morgens wenig Zeit hat, bereitet sein Porridge am Vorabend zu: Die Hafer- und Buchweizenflocken in einem Glas mit der Flüssigkeit mischen und abgedeckt im Kühlschrank über Nacht quellen lassen. Am nächsten Morgen ist der Getreidebrei fertig und wird mit Früchten, Nüssen und Gewürzen zu einem Power-Frühstück aufgepimpt.

LINSENAUFSTRICH
MIT SÜSSKARTOFFELN 🌾 🥛 🌰

Für alle, die schon morgens eine Portion Gesundheit aufs Brot streichen möchten, kommt hier eine basische Paste mit Zwiebel, Curry und Kurkuma. Da ist dick auftragen ausnahmsweise erwünscht!

ZUTATEN FÜR 4 PERSONEN
1 Zwiebel
1 Knoblauchzehe
250 g Süßkartoffeln
2 EL Olivenöl
1 TL Currypulver
½ TL gemahlene Kurkuma
200 ml Gemüsebrühe (glutenfrei)
100 g rote Linsen
2–3 EL Zitronensaft
Salz, Pfeffer aus der Mühle
1 rote Spitzpaprikaschote
½ Kästchen Kresse

ZUBEREITUNG: 35 Min.
KÜHLEN: 30 Min.
PRO PORTION ca. 217 kcal,
8 g EW, 8 g F, 25 g KH

1 Zwiebel und Knoblauch schälen und in feine Würfel schneiden. Die Süßkartoffeln schälen und in kleine Würfel schneiden.

2 Das Öl in einem Topf erhitzen und Zwiebel und Knoblauch darin andünsten. Die Süßkartoffeln hinzufügen, mit Curry und Kurkuma bestäuben und kurz mitdünsten. Die Brühe dazugießen und die Linsen einstreuen. Alles aufkochen und zugedeckt bei mittlerer Hitze 10 bis 12 Minuten köcheln lassen, dabei ab und zu umrühren.

3 Die Linsen-Süßkartoffel-Mischung abgießen und mit dem Zitronensaft in einen hohen Rührbecher geben. Mit dem Stabmixer glatt pürieren und mit Salz und Pfeffer abschmecken. Den Aufstrich zugedeckt 30 Minuten kühl stellen, dann nochmals abschmecken und in eine Schale füllen.

4 Inzwischen die Spitzpaprika längs halbieren, entkernen, waschen und in feine Würfel schneiden. Die Kresse vom Beet schneiden, waschen und trocken tupfen. Mit den Paprikawürfeln über den Aufstrich streuen. Der Linsenaufstrich schmeckt besonders gut auf Dinkelvollkornbrot oder -brötchen.

TIPP
Der Linsenaufstrich hält sich in einem geschlossenen Glas oder Gefäß im Kühlschrank 3 bis 4 Tage. Wer ihn nicht täglich aufs Brot streichen möchte, kann den Aufstrich auch als Dip zu Gemüsesticks servieren.

BOHNEN-ORANGEN-PASTE
MIT ROSMARIN ✿ 🥛 🌿

So gut schmeckt's nur selbst gemacht! Die Kombination aus weißen Bohnen, Mandelmus und Rosmarin ist etwas ganz Besonderes und macht Brotzeitfans fit und glücklich, egal, ob morgens oder in der Pause.

ZUTATEN FÜR 4 PERSONEN
125 g getrocknete weiße Bohnen
1 Knoblauchzehe
2 EL helles Mandelmus
(aus dem Bioladen)
½ unbehandelte Orange
2 EL Zitronensaft
1 Zweig Rosmarin
Salz
Cayennepfeffer
2 EL gehackte Mandeln

ZUBEREITUNG: 30 Min.
EINWEICHEN: 12 Std.
(am besten über Nacht)
GAREN: 1–1½ Std.
KÜHLEN: 30 Min.
PRO PORTION ca. 191 kcal,
9 g EW, 9 g F, 14 g KH

1 Am Vortag die Bohnen mit reichlich kaltem Wasser bedecken und 12 Stunden – am besten über Nacht – einweichen. Am nächsten Tag in ein Sieb abgießen, kalt abbrausen und in einem Topf mit Wasser bedeckt zum Kochen bringen. Die Knoblauchzehe leicht andrücken und dazugeben. Die Bohnen ohne Salz zugedeckt bei mittlerer Hitze 1 bis 1½ Stunden köcheln lassen, bis sie weich sind. Dann in ein Sieb abgießen und abtropfen lassen.

2 Die Bohnen mit dem Mandelmus in einen hohen Rührbecher geben. Die Orange heiß waschen und abtrocknen, ½ TL Schale abreiben und 2 EL Saft auspressen. Dann Orangensaft und -schale mit dem Zitronensaft zu den Bohnen geben und alles mit dem Stabmixer glatt pürieren.

3 Den Rosmarin waschen und trocken tupfen, die Nadeln abzupfen, fein hacken und unterheben. Die Bohnenpaste mit Salz und 1 Prise Cayennepfeffer abschmecken und zugedeckt 30 Minuten in den Kühlschrank stellen. Inzwischen die gehackten Mandeln in einer Pfanne ohne Fett goldbraun anrösten. Vom Herd nehmen und abkühlen lassen.

4 Das Bohnenpüree nochmals abschmecken. 2 TL geröstete Mandeln beiseitestellen, den Rest unter die Paste rühren und alles in eine Schale füllen. Die übrigen gerösteten Mandeln daraufstreuen. Die Bohnen-Orangen-Paste passt mit Tomatenscheiben gut auf Vollkornbrötchen oder Pumpernickel.

TIPP

Wer es eilig hat, nimmt vorgegarte weiße Bohnen aus Dose oder Glas. Einfach in ein Sieb abgießen, kalt abbrausen und gut abtropfen lassen. Dann wie beschrieben verarbeiten.

MÖHRENBROT
MIT KÜRBISKERNEN

Dieser kernige Laib ist ein echtes Kraftpaket: Aus Dinkel- und Hirsemehl mit Möhrenraspeln und -saft gebacken, bleibt er unter der Kruste schön saftig. Da fängt die gute Laune schon beim Frühstück an!

ZUTATEN FÜR 1 BROT (CA. 1 KG)
250 g junge Möhren
120 g Kürbiskerne
300 g Dinkelvollkornmehl
200 g Hirsemehl
½ TL Salz
1 TL Natron (5 g)
200 ml Möhrensaft (am besten frisch aus dem Entsafter)
1 EL Ahornsirup

ZUBEREITUNG: 25 Min.
BACKEN: 1½ Std.
PRO SCHEIBE (50 G)
ca. 132 kcal, 5 g EW, 4 g F, 19 g KH

1 Die Möhren schälen und auf der Rohkostreibe fein raspeln. Die Kürbiskerne hacken.

2 Den Backofen auf 200 °C vorheizen, eine ofenfeste Schale mit Wasser hineinstellen. Das Dinkel- und Hirsemehl mit Salz und Natron in einer Schüssel mischen, mit 150 ml lauwarmem Wasser, Möhrensaft und Ahornsirup gründlich verrühren. Möhrenraspel und 100 g Kürbiskerne hinzufügen und alles mit den Knethaken des Handrührgeräts zu einem geschmeidigen, glatten Teig verkneten.

3 Eine Kastenform (30 cm Länge) mit Backpapier auslegen und den Teig einfüllen. Die Oberfläche mit etwas Wasser bestreichen, die übrigen Kürbiskerne daraufstreuen und leicht andrücken.

4 Das Brot im Ofen auf der mittleren Schiene 10 Minuten backen, dann die Backofentemperatur auf 180 °C reduzieren und das Brot noch 1 Stunde 20 Minuten weiterbacken, bis es knusprig ist. Herausnehmen, auf einem Kuchengitter etwas abkühlen lassen, dann aus der Form stürzen und vollständig auskühlen lassen. Das Brot am besten im Kühlschrank aufbewahren, dort hält es sich etwa 10 Tage. Oder in Scheiben schneiden und portionsweise einfrieren.

FRUCHT IM GLAS

Frühstücksfans aufgepasst: Hier kommt saftige Frische aufs Lieblingsbrötchen! Mit diesen roh gerührten Fruchtaufstrichen gibt es jeden Tag sonnengereiften Obstgenuss: natürlich mit wenig Zucker und ganz ohne Zusatzstoffe.

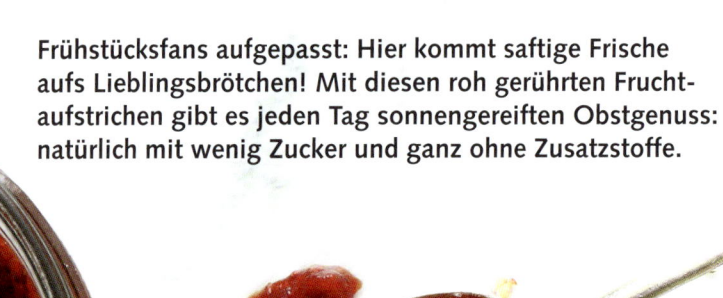

PFLAUMENMUS
MIT CHIASAMEN

Für 1 Glas (ca. 300 ml) **250 g reife blaue oder gelbe Pflaumen** waschen, halbieren, entsteinen und klein schneiden. In einen hohen Rührbecher geben und mit dem Stabmixer fein pürieren. **2 ½ EL Chiasamen**, **2 TL Zitronensaft** und **1 ½ EL Agavendicksaft** untermischen, alles gut verrühren und im Kühlschrank zugedeckt etwa 30 Minuten quellen lassen. Dann das Pflaumenmus nochmals kurz pürieren, **½ TL Zimtpulver** und **¼ TL gemahlenen Kardamom** unterrühren. Das Pflaumenmus in ein sauberes Glas füllen und verschließen. Im Kühlschrank aufbewahren und innerhalb von 4 bis 5 Tagen verbrauchen.

ZUBEREITUNG: 15 Min.
QUELLEN: 30 Min.
PRO PORTION (50 g) ca. 61 kcal,
1 g EW, 1 g F, 1 g KH

HIMBEERKONFITÜRE
MIT CRANBERRYS

Für 2 Gläser (à ca. 200 ml) **300 g tiefgekühlte Himbeeren** in einen hohen Rührbecher geben und 10 Minuten antauen lassen. Mit **1 EL Zitronensaft** beträufeln. **100 g getrocknete Cranberrys, 50 g Kokosblütenzucker** und **2 TL Johannisbrotkernmehl** hinzufügen. Alles mit dem Stabmixer erst auf kleiner Stufe, dann auf höchster Stufe 3 bis 5 Minuten pürieren. **4 Minzeblätter** waschen und trocken tupfen, in feine Streifen schneiden und untermischen. Die Konfitüre in saubere Gläser füllen und verschließen. Im Kühlschrank hält sie sich 1 bis 2 Wochen.

ZUBEREITUNG: 25 Min.
PRO PORTION (50 g) ca. 82 kcal,
1 g EW, 0 g F, 18 g KH

APRIKOSENAUFSTRICH
MIT VANILLE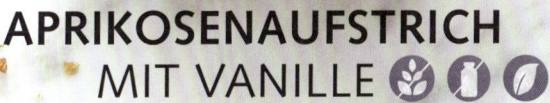

Für 2 Gläser (à ca. ¼ l) **200 g getrocknete Softaprikosen** klein schneiden und mit dem Stabmixer fein pürieren. **350 g reife Aprikosen** waschen, halbieren, entsteinen und in Stücke schneiden. Zum Aprikosenpüree geben und untermixen, sodass eine streichfähige Masse entsteht. Die **abgeriebene Schale von ¼ unbehandelten Limette** und **½ TL gemahlene Vanille** hinzufügen. In saubere Gläser füllen und maximal 2 Wochen im Kühlschrank aufbewahren.

ZUBEREITUNG: 25 Min.
PRO PORTION (50 g) ca. 67 kcal,
1 g EW, 0 g F, 12 g KH

KARTOFFELBRÖTCHEN
MIT ESSKASTANIEN ⬤ ⬤

Kräftig und leicht nussig: Wenn diese Goldstücke aus Kartoffeln, Kastanien- und Mandelmehl frisch duftend aus dem Ofen kommen, fühlt sich jeder Morgen wie ein Sonntag an: Wie gut, dass sie so leicht und schnell gebacken sind ...

ZUTATEN FÜR 10 STÜCK
250 g festkochende Kartoffeln
150 g Dinkelvollkornmehl
50 g Kastanienmehl
200 g Mandelmehl
2 TL Weinsteinbackpulver
15 g Pfeilwurzelstärke
(aus Reformhaus oder Bioladen,
siehe Tipp)
¼ TL Salz
1 TL Dattel- oder Ahornsirup
100 ml Mandeldrink
1 TL Sonnenblumenkerne
1 TL Mohnsamen

ZUBEREITUNG: 30 Min.
BACKEN: 20–25 Min.
PRO PORTION ca. 252 kcal,
9 g EW, 13 g F, 23 g KH

1 Die Kartoffeln schälen und fein reiben. Dinkel-, Kastanien- und Mandelmehl mit Backpulver, Pfeilwurzelstärke und Salz in einer Schüssel mischen. Den Dattel- oder Ahornsirup mit dem Mandeldrink in einem Topf lauwarm erhitzen. Die geriebenen Kartoffeln unterrühren. Den Mehlmix mit der Kartoffel-Mandelmilch mischen und mit den Knethaken des Handrührgeräts zu einem gleichmäßigen Teig verkneten.

2 Den Backofen auf 200 °C vorheizen. Ein Backblech mit Backpapier belegen. Aus dem Teig 10 Stücke abstechen und jeweils mit angefeuchteten Händen zu kleinen Brötchen formen. Auf das Blech legen und die Oberseiten jeweils mit einem Messer etwa 1 cm tief kreuzweise einschneiden. Die Brötchen mit 2 EL Wasser bestreichen und je 4 Stück mit Sonnenblumenkernen und Mohn bestreuen, dabei das Topping leicht andrücken.

3 Die Brötchen im Ofen auf der mittleren Schien 20 bis 25 Minuten backen. Herausnehmen und auf einem Kuchengitter abkühlen lassen. Lauwarm oder kalt servieren.

TIPPS

Mögen Sie es lieber herzhaft? Dann arbeiten Sie mit dem Salz noch je ¼ TL gemahlene Kümmel-, Fenchel- und Koriandersamen oder 1 TL getrocknete Kräuter in den Teig und bestreichen die Teigrohlinge vor dem Backen mit 2 EL Olivenöl anstelle von Wasser.

Pfeilwurzelmehl oder -stärke aus der tropischen Arrowroot-Knollenpflanze ist geschmacksneutral und daher im Unterschied zu anderen pflanzlichen Bindemitteln ideal zum Backen.

AMARANT-PANCAKES
MIT BIRNENKOMPOTT ⓥ

Perfekt für das späte Frühstück am Wochenende: Die kleinen Pfannkuchen mit gepufftem Amarant serviere ich am liebsten mit einem saftigen Kompott. Als i-Tüpfelchen sorgen Granatapfelkerne für eine herb-exotische Note.

ZUTATEN FÜR 4 PERSONEN
1 Granatapfel (ca. 300 g)
2 Birnen (ca. 300 g)
125 ml Birnensaft (am besten frisch aus dem Entsafter)
2 TL Pfeilwurzelstärke (aus Reformhaus oder Bioladen)
2 EL Vollrohrzucker
100 g Dinkelvollkornmehl
1 TL Weinsteinbackpulver
30 g gepuffter Amarant
Salz
1 Ei
150 ml Mandeldrink
2 EL Öl

ZUBEREITUNG: 30 Min.
PRO PORTION ca. 294 kcal,
7 g EW, 10 g F, 42 g KH

1 Den Granatapfel halbieren. Eine Hälfte auspressen, die andere Hälfte mit der Schalenseite in die Hand nehmen und die Kerne mit einem Kochlöffel über einer Schüssel herausschlagen (Vorsicht, das spritzt!). Die Birnen vierteln, schälen und entkernen, die Viertel längs in dünne Scheiben schneiden.

2 Den Granatapfelsaft mit dem Birnensaft, der Pfeilwurzelstärke und 1 EL Rohrzucker in einem Topf gut verrühren und unter Rühren aufkochen. Die Birnenscheiben und Granatapfelkerne hinzufügen und das Kompott beiseitestellen.

3 Für die Pancakes Mehl und Backpulver mit den Amarant-Pops, übrigem Rohrzucker und 1 Prise Salz mischen. Ei und Mandeldrink dazugeben und alles zu einem glatten, dicklichen Teig verquirlen.

4 In einer großen beschichteten Pfanne 1 EL Öl erhitzen. Pro Pancake jeweils 1 bis 2 EL Teig in die Pfanne geben und bei mittlerer Hitze auf beiden Seiten 2 bis 3 Minuten goldbraun braten. Aus dem übrigen Teig und Öl weitere Pancakes backen, bis alles verbraucht ist. Die fertigen Pancakes im vorgeheizten Backofen bei 80 °C warm halten. Die Pancakes mit dem Kompott auf Tellern anrichten und nach Belieben mit gepufftem Amarant bestreuen.

TIPP
Statt zum Frühstück können Sie die Pancakes mit Kompott auch am Nachmittag als kleine Zwischenmahlzeit genießen oder als Dessert nach einer leichten Mahlzeit servieren.

SPROSSEN-OMELETT
MIT TOMATEN-CHUTNEY ⓥ

Das schmeckt nach Sommer und Süden: Gedünstete Cocktailtomaten, Frühlingszwiebeln und würziger Rucola verwandeln dieses Omelett in einen leichten Sattmacher all'italiana. On top liefern Sprossen jede Menge Vitalstoffe.

ZUTATEN FÜR 4 PERSONEN
500 g Cocktailtomaten
3 EL Olivenöl
2 TL flüssiger Honig
2 EL Zitronensaft
1 TL getrockneter Thymian
Salz, Pfeffer aus der Mühle
2 Frühlingszwiebeln
1 rote Peperoni
150 g frische Sprossen
(z. B. von Mungobohnen,
Alfalfa, Linsen)
40 g Rucola
6 Eier
4 EL Sahne
4 TL Butter

ZUBEREITUNG: 45 Min.
PRO PORTION ca. 326 kcal,
14 g EW, 24 g F, 11 g KH

1 Für das Chutney die Tomaten waschen und halbieren. 1 EL Öl in einem Topf erhitzen und Tomaten, Honig, Zitronensaft und Thymian darin zugedeckt bei schwacher Hitze 3 bis 4 Minuten dünsten. Das Chutney mit Salz und Pfeffer würzen, vom Herd nehmen und lauwarm abkühlen lassen.

2 Für die Omeletts die Frühlingszwiebeln putzen und waschen, die weißen und hellgrünen Teile in feine Ringe schneiden. Die Peperoni längs halbieren, entkernen, waschen und in kleine Würfel schneiden. Die Sprossen in einem Sieb abbrausen und gut abtropfen lassen. Den Rucola verlesen, waschen, trocken schleudern und grob hacken. Eier und Sahne verquirlen, mit etwas Salz und Pfeffer würzen. Frühlingszwiebeln und Peperoni unterrühren.

3 Pro Omelett je 1 TL Butter und Öl in einer kleinen beschichteten Pfanne erhitzen, ein Viertel der Eier-Gemüse-Masse hineingießen und mit je einem Viertel der Sprossen und des Rucolas bestreuen. Das Omelett zugedeckt bei mittlerer Hitze etwa 4 Minuten stocken lassen. 3 weitere Omeletts mit jeweils einem Viertel aller Zutaten auf dieselbe Art garen. Zum Servieren die Omeletts auf Tellern anrichten und das Tomaten-Chutney jeweils in die Mitte setzen.

TIPP
Mit einem Trick lässt sich die Zubereitungszeit für die Omeletts verkürzen: gleichzeitig mit zwei Pfannen arbeiten oder die Eier-Gemüse-Masse in einer großen Pfanne in zwei Portionen nacheinander ausbacken und anschließend in breite Streifen schneiden.

TROPISCHER SMOOTHIE
MIT GRÜNKOHL ✧ ◉ ◗ Ⓑ

ZUTATEN FÜR 4 GLÄSER (À ¼ L)
1 reife Mango (ca. 400 g)
4 frische Datteln
1 Apfel
1 Limette
150 g junge Grünkohlblätter
(z. B. Picco Kale)
1 EL Kokosöl
400 ml gekühltes Kokoswasser

ZUBEREITUNG: 20 Min.
PRO PORTION ca. 202 kcal,
2 g EW, 6 g F, 32 g KH

1 Für die Garnitur 4 dünne Mangoscheiben samt Schale abschneiden und beiseitelegen. Die restliche Mango schälen, das Fruchtfleisch zuerst vom Stein und dann in kleine Stücke schneiden. Die Datteln längs aufschneiden, entsteinen und klein schneiden. Den Apfel waschen und achteln, das Kerngehäuse belassen, Stiel und Blütenansatz entfernen. Die Limette auspressen. Alle Früchte und den Limettensaft in einen leistungsstarken Standmixer geben.

2 Die Grünkohlblätter waschen und trocken schütteln. Die Blätter verlesen, grob hacken und ebenfalls in den Mixer geben.

3 Kokosöl und Kokoswasser hinzufügen. Den Mixer kurz auf kleiner Stufe starten, dann alles auf höchster Stufe so lange mixen, bis der Grünkohl vollständig zerkleinert ist.

4 Den Smoothie auf Gläser verteilen. Die beiseitegelegten Mangoscheiben jeweils bis zur Hälfte einschneiden und an den Glasrand stecken. Den Smoothie sofort servieren.

AVOCADO-SMOOTHIE
MIT ROTER BETE 🌾 🥛 🌿 Ⓑ

ZUTATEN FÜR 4 GLÄSER (À ¼ L)
1 Stück Ingwer (ca. 15 g)
1 reife Avocado (ca. 200 g)
100 g Rote Bete
1 reife Birne
150 g blaue Weintrauben
4 EL Zitronensaft
2 TL Mandel- oder Walnussöl
½ l Mandeldrink
4 Minzeblätter
4 zarte Rote-Bete-Blätter
4 Holzstäbchen

ZUBEREITUNG: 20 Min.
PRO PORTION ca. 140 kcal,
2 g EW, 7 g F, 16 g KH

1 Den Ingwer schälen und grob hacken. Die Avocado halbieren, den Kern entfernen und die Hälften schälen. Die Rote Bete schälen und in Würfel schneiden. Die Birne waschen und achteln, das Kerngehäuse belassen, Stiel- und Blütenansatz entfernen. Die Trauben waschen, von den Stielen zupfen und 8 Trauben zum Garnieren beiseitelegen. Die übrigen Trauben halbieren. Alle Früchte mit Ingwer und Zitronensaft in einen leistungsstarken Standmixer geben.

2 Das Mandel- oder Walnussöl und den Mandeldrink hinzufügen. Den Mixer kurz auf kleiner Stufe starten, dann alles auf höchster Stufe cremig pürieren. Konsistenz und Geschmack prüfen. Nach Belieben noch etwas Wasser dazugeben und erneut kurz mixen.

3 Den Smoothie auf Gläser verteilen. Je 2 Trauben mit 1 Minzeblatt auf ein Holzstäbchen stecken und über den Glasrand legen. Mit je 1 Rote-Bete-Blatt garnieren. Den Smoothie sofort servieren.

BEEREN-SHAKE
MIT BUTTERMILCH ⓥ

ZUTATEN FÜR 4 GLÄSER
(À 300 ML)
300 g gemischte Beeren
(z. B. Heidelbeeren, Himbeeren,
Erdbeeren, frisch oder tiefgekühlt)
80 g getrocknete Kirschen
½ TL gemahlene Vanille
2 rosa Grapefruits
400 ml Buttermilch
4 TL flüssiger Honig
2 EL Weizenkeime
2 TL Mandel- oder Hanföl
4 Stiele Zitronenmelisse

ZUBEREITUNG: 15 Min.
PRO PORTION ca. 243 kcal,
6 g EW, 3 g F, 42 g KH

1 Die frischen Beeren verlesen, waschen und trocken tupfen. Die tiefgekühlten Beeren antauen lassen. Alle Beeren mit den getrockneten Kirschen und der Vanille in einen leistungsstarken Standmixer geben.

2 Die Grapefruits halbieren und den Saft auspressen. Den Saft mit Buttermilch und Honig zu den Beeren geben. Den Mixer kurz auf kleiner Stufe starten, dann alles auf höchster Stufe cremig pürieren.

3 Die Weizenkeime und das Mandel- oder Hanföl dazugeben und erneut kurz mixen. Den Shake auf Gläser verteilen und mit je 1 Stiel Zitronenmelisse garnieren. Nach Belieben mit einem dicken Trinkhalm sofort servieren.

SOJA-SMOOTHIE
MIT MELONE ✿ ◉ ◗

ZUTATEN FÜR 4 GLÄSER
(À 300 ML)
½ reife Cantaloupemelone
(ca. 600 g)
1 Orange
1 Stück Ingwer (ca. 15 g)
1 unbehandelte Limette
1 TL gemahlene Kurkuma
2 EL Mandelmus
400 ml Sojadrink

ZUBEREITUNG: 20 Min.
PRO PORTION ca. 197 kcal,
6 g EW, 9 g F, 22 g KH

1 Die Melonenhälfte entkernen und schälen. Vom Fruchtfleisch 4 Scheiben abschneiden und zum Dekorieren beiseitelegen. Das restliche Melonenfleisch klein schneiden. Die Orange halbieren und auspressen. Den Ingwer schälen und in feine Würfel schneiden. Alle Zutaten in einen leistungsstarken Standmixer geben.

2 Die Limette heiß waschen und abtrocknen, die Schale abreiben und den Saft auspressen. Limettenschale und -saft, Kurkuma und Mandelmus ebenfalls in den Mixer geben. Den Sojadrink dazugießen. Den Mixer kurz auf kleiner Stufe starten, dann alles auf höchster Stufe cremig pürieren. Nach Belieben mit Agavendicksaft süßen, 5 bis 6 EL Wasser dazugeben und erneut kurz mixen.

3 Den Smoothie auf Gläser verteilen. Die beiseitegelegten Melonenscheiben jeweils einschneiden und auf den Glasrand stecken. Sofort servieren.

TIPP
Cool down an heißen Tagen: Den Smoothie wie beschrieben zubereiten, danach ein paar Eiswürfel dazugeben und noch mal kurz und kräftig mixen. In Gläser füllen und sofort genießen: je frischer, desto mehr Vitamine stecken drin.

SALATE & SNACKS

Hier wird kräftig durchgemischt: Knackige grüne Blätter, **FRISCHES GEMÜSE,** Kräuter, Kerne und Nüsse kommen mal als Rohkost, mal als **BUNTE WUNDERSCHÜSSEL** auf den Tisch. Oft sind Kichererbsen, Quinoa und Kartoffeln mit von der Partie. **RUNDUM BASISCH,** lecker und gesund!

GRIECHISCHER SALAT
MIT FALAFELN

Griechischer Salat war schon immer Ihr Sommerliebling? Dann sollten Sie unbedingt diese orientalische Variante mit frittierten Kichererbsen-Buletten probieren! Ein bunter Mix, der mit Vitaminen, Mineral- und Ballaststoffen punktet.

ZUTATEN FÜR 4 PERSONEN
1 Dose Kichererbsen
(265 g Abtropfgewicht)
1 Ei und 1 Eigelb
1 Bund Petersilie
1 Zwiebel
1 Knoblauchzehe
6 EL Olivenöl
2 EL Vollkornsemmelbrösel
1 TL Chiliflocken
½ TL gemahlener Kreuzkümmel
Salz, Pfeffer aus der Mühle
3 Mini-Romanasalate
(à ca. 100 g)
½ Salatgurke (ca. 200 g)
200 g Tomaten
1 kleine gelbe Paprikaschote
50 g Oliven (ohne Stein)
2 EL Weißweinessig
125 ml Öl zum Braten

ZUBEREITUNG: 45 Min.
PRO PORTION ca. 472 kcal,
11 g EW, 37 g F, 21 g KH

1 Die Kichererbsen in ein Sieb abgießen, kalt abbrausen und gut abtropfen lassen. In einer Schüssel mit Ei und Eigelb fein pürieren.

2 Die Petersilie waschen und trocken schütteln, die Blätter abzupfen und fein hacken. Zwiebel und Knoblauch schälen, in feine Würfel schneiden und in einer Pfanne in 1 EL Öl hellbraun andünsten. Die Semmelbrösel und die Hälfte der Petersilie dazugeben und alles kräftig mit Chiliflocken, Kreuzkümmel, Salz und Pfeffer würzen. Die Mischung unter die Kichererbsenmasse heben. Aus dem Teig mit angefeuchteten Händen ca. 16 walnussgroße Bällchen formen und jeweils etwas flach drücken.

3 Die Salate putzen, waschen, trocken schleudern und grob zerpflücken. Die Gurke waschen, längs halbieren und in Scheiben schneiden. Die Tomaten waschen und in Scheiben schneiden, dabei die Stielansätze entfernen. Die Paprikaschote längs vierteln, entkernen, waschen und in feine Streifen schneiden. Die Oliven vierteln. Essig, Salz, Pfeffer und übriges Öl zu einer Vinaigrette verrühren und die restliche Petersilie hinzufügen. Alle Salatzutaten mischen, auf Teller verteilen und mit der Vinaigrette beträufeln.

4 Das Öl zum Braten in einer Pfanne erhitzen und die Falafeln darin bei mittlerer Hitze 5 bis 6 Minuten goldbraun braten. Dabei nach der Hälfte der Bratzeit wenden. Die Falafeln aus der Pfanne nehmen und kurz auf Küchenpapier abtropfen lassen. Auf dem Salat anrichten und sofort servieren.

TIPP
Die Falafeln sind übrigens absolut partytauglich – man kann sie ganz unkompliziert als Fingerfood aus der Hand essen. Am besten serviert man sie mit einem Aprikosen-Dip: Dafür je 200 g Tomaten und Aprikosen (entkernt bzw. entsteint) mit 2 TL Senf, 2 EL Zitronensaft und 30 g gemahlenen Mandeln pürieren, mit Salz und Pfeffer würzen.

PIMENTMÖHREN
AUF PORTULAK ❂ Ⓥ Ⓑ

Selbst alte Bekannte wie Möhren sind immer wieder für Überraschungen gut. Hier bekommen sie durch ein raffiniert gewürztes Zitrusdressing reichlich Pep – und werden auf einem knackigen Portulakbett serviert.

ZUTATEN FÜR 4 PERSONEN
1 großes Bund junge Möhren (ca. 700 g)
200 g Portulak
1 unbehandelte Orange
8 Zweige Zitronenthymian
8 Pimentkörner
30 g Haselnussblättchen
6 EL Olivenöl
Salz
1 TL Chiliflocken
1 TL flüssiger Honig
2 EL Zitronensaft
5 EL Gemüsebrühe (glutenfrei)
80 g Ricotta

ZUBEREITUNG: 35 Min.
PRO PORTION ca. 327 kcal,
6 g EW, 25 g F, 17 g KH

1 Die Möhren putzen, unter fließendem kaltem Wasser gründlich abbürsten oder dünn schälen, dann je nach Größe längs halbieren oder vierteln. Den Portulak waschen und trocken schleudern. Die Orange heiß waschen und abtrocknen, 1 TL Schale abreiben und den Saft auspressen. Den Zitronenthymian waschen und trocken schütteln, die Blätter von den Stielen zupfen und grob hacken. Die Pimentkörner im Mörser grob zerstoßen. Die Haselnussblättchen in einer beschichteten Pfanne ohne Fett leicht anrösten. Vom Herd nehmen und abkühlen lassen.

2 Das Öl in einer großen Pfanne erhitzen und die Möhren darin bei mittlerer Hitze rundherum etwa 5 Minuten anbraten. Mit Salz, Zitronenthymian, Chiliflocken, Piment, Orangenschale und Honig würzen. Mit Orangen- und Zitronensaft sowie Brühe ablöschen und unter gelegentlichem Wenden offen 6 bis 8 Minuten dünsten.

3 Den Portulaksalat auf Teller verteilen und die Möhren darauf anrichten. Mit dem Sud beträufeln und mit den Haselnüssen bestreuen. Den Ricotta in Flöckchen teilen und daraufsetzen.

TIPP

Die Pimentmöhren kann man auch kalt genießen – sie machen auf jedem Büfett eine gute Figur. Dafür die Möhren am besten am Vortag dünsten und über Nacht im Orangenwürzsud abkühlen lassen. Am nächsten Tag mit Portulak und Nüssen auf einer Platte anrichten.

GEMÜSESTICKS MIT
KRÄUTERMAYONNAISE

ZUTATEN FÜR 4 PERSONEN
½ Bund Petersilie
30 g Basilikumblätter
1 TL mittelscharfer Senf
(glutenfrei)
75 g Mayonnaise (glutenfrei)
150 g Naturjoghurt
1 unbehandelte Limette
Salz, Pfeffer aus der Mühle
800 g frisches Gemüse
(z. B. Fenchel, Gurke, Kohlrabi,
Möhren, Paprikaschote, Staudensellerie, Zucchini)

ZUBEREITUNG: 25 Min.
PRO PORTION ca. 201 kcal,
4 g EW, 17 g F, 8 g KH

1 Petersilie und Basilikum waschen und trocken schütteln, die Blätter abzupfen und grob hacken. Die Kräuter mit dem Senf, der Mayonnaise und dem Joghurt in einen hohen Rührbecher geben und mit dem Stabmixer fein pürieren.

2 Die Limette heiß waschen und abtrocknen, 1 TL Schale abreiben und 1 EL Saft auspressen. Limettenschale und -saft unter die Mayonnaise rühren, mit Salz und Pfeffer abschmecken. In eine Schüssel füllen und bis zum Servieren zugedeckt kühl stellen.

3 Das Gemüse je nach Sorte putzen, waschen oder schälen und in fingerlange, etwa 1 cm breite Stifte schneiden. Die Gemüsesticks in Gläsern anrichten und die Kräutermayonnaise dazu servieren.

GEGRILLTE ZUCCHINI
MIT TOMATENSALAT

ZUTATEN FÜR 4 PERSONEN
4 junge Zucchini (à ca. 150 g)
5 EL Olivenöl
2 EL Zitronensaft
Salz, Pfeffer aus der Mühle
500 g Tomaten
4 Stiele Petersilie
4 Knoblauchzehen
4 Zweige Rosmarin
4 EL schwarze Oliven
(ohne Stein)

ZUBEREITUNG: 25 Min.
PRO PORTION ca. 221 kcal,
5 g EW, 18 g F, 8 g KH

1 Die Zucchini putzen, waschen und trocken tupfen. Mit einem Gemüsehobel oder Messer der Länge nach in gleichmäßige, etwa 3 mm dünne Scheiben schneiden. Die Scheiben mit 2 EL Öl bestreichen und mit dem Zitronensaft beträufeln. Mit Salz und Pfeffer würzen und 10 Minuten ziehen lassen.

2 Inzwischen die Tomaten waschen und in kleine Würfel schneiden, dabei die Stielansätze und Kerne entfernen. Die Petersilie waschen und trocken schütteln, die Blätter abzupfen und fein hacken. Die Petersilie und 2 EL Öl unter die Tomaten mischen und den Salat mit Salz und Pfeffer abschmecken.

3 Die Knoblauchzehen schälen und in feine Scheiben schneiden. Den Rosmarin waschen, trocken schütteln und grob zerpflücken. Eine Grillpfanne stark erhitzen, das übrige Öl mit einem Pinsel darin verstreichen und die Zucchinischeiben portionsweise mit Knoblauch und Rosmarin auf beiden Seiten 3 bis 4 Minuten goldbraun braten. Die Zucchinischeiben auf Tellern anrichten, die Oliven daraufsetzen und den Tomatensalat dazu servieren.

KRÄUTERSEITLINGSALAT
MIT TOFU-DRESSING 🧄 🌿

Gegensätze ziehen sich an – auch auf dem Teller: Hier werden knackigen Salatblättern, Apfelspalten und knusprigen Vollkorncroûtons kurz gebratene Kräuterseitlinge und ein seidiges Tofu-Orangen-Dressing zur Seite gestellt.

ZUTATEN FÜR 4 PERSONEN
200 g Roggenvollkornbrot
3 EL Olivenöl
2 Mini-Romanasalate
1 Staude Chicorée
150 g Staudensellerie
1 Apfel
1 EL Zitronensaft
Saft von ½ Orange
200 g Seidentofu (siehe Tipp)
1–2 EL Apfelessig
3 EL Rapskernöl
Salz
½ TL Piment d'Espelette
200 g kleine Kräuterseitlinge
Pfeffer aus der Mühle

ZUBEREITUNG: 35 Min.
PRO PORTION ca. 352 kcal,
10 g EW, 21 g F, 28 g KH

1 Das Brot in 1 bis 2 cm große Würfel schneiden. In einer beschichteten Pfanne 1 EL Olivenöl erhitzen und die Brotwürfel darin bei mittlerer Hitze 5 Minuten knusprig anrösten. Herausnehmen und auf Küchenpapier abtropfen lassen.

2 Romanasalat und Chicorée putzen, waschen und – bis auf die Blattspitzen – quer in 2 bis 3 cm breite Streifen schneiden. Sellerie putzen, waschen und schräg in sehr feine Scheiben schneiden. Den Apfel waschen, vierteln, entkernen und längs in dünne Scheiben schneiden. Die Apfelspalten sofort mit dem Zitronensaft beträufeln, damit sie sich nicht bräunlich verfärben.

3 Für das Dressing den Orangensaft in einem kleinen Topf bei starker Hitze etwa auf die Hälfte einkochen lassen. In einen hohen Rührbecher füllen und etwas abkühlen lassen. Seidentofu, Essig und Rapskernöl dazugeben und alles mit dem Stabmixer cremig pürieren. Das Dressing mit Salz und Piment d'Espelette würzen. Romanasalat, Chicorée, Sellerie und Apfelscheiben auf Teller verteilen und mit dem Tofu-Dressing beträufeln.

4 Die Kräuterseitlinge putzen, falls nötig, trocken abreiben und längs halbieren. Das übrige Olivenöl in einer großen Pfanne erhitzen und die Pilze darin bei starker Hitze 4 bis 5 Minuten goldbraun braten. Mit Salz und Pfeffer würzen und auf den Salat setzen. Mit den Croûtons bestreuen und sofort servieren.

TIPP

Dank des milden Seidentofus dürfen auch Veganer bei dem Salat beherzt zugreifen. Wegen seiner weichen, joghurtähnlichen Konsistenz lässt er sich leicht pürieren – ideal für kalte Saucen und Suppen. Seidentofu bekommt man im Reformhaus oder Bioladen.

BUNTE ANTIPASTI
AUS DEM BACKOFEN

Geschmack in allen Farben: Zuerst mit einem mediterranen Kräuterdressing mariniert, dann auf dem Blech im Ofen geschmort – hier haben Zucchini, Paprika, Pfifferlinge und Tomaten ihren großen Auftritt als Aromastars.

ZUTATEN FÜR 4 PERSONEN
je 1 rote und gelbe Paprikaschote
300 g kleine Zucchini
200 g Pfifferlinge (ersatzweise kleine Kräuterseitlinge)
200 g kleine Strauchtomaten
1 Zweig Rosmarin
6 Zweige Thymian
3 EL Zitronensaft
1 EL Aceto balsamico
Salz, Pfeffer aus der Mühle
6 EL Olivenöl
1 Kugel Büffelmozzarella (ca. 125 g)
4 Stiele Basilikum

ZUBEREITUNG: 25 Min.
MARINIEREN: 30 Min.
GAREN: 15–20 Min.
PRO PORTION ca. 296 kcal, 10 g EW, 25 g F, 6 g KH

1 Die Paprika längs vierteln, entkernen, waschen und in 4 bis 5 cm große Stücke schneiden. Die Zucchini putzen, waschen und schräg in etwa 1 cm dicke Scheiben schneiden. Die Pfifferlinge putzen, falls nötig, trocken abreiben und grob zerteilen. Tomaten waschen und halbieren. Rosmarin und Thymian waschen und trocken schütteln, Nadeln und Blätter abzupfen und fein hacken.

2 In einer Schüssel Zitronensaft, Essig, Salz und Pfeffer verquirlen, zuletzt das Öl unterschlagen. Die vorbereiteten Gemüse, Pilze und Kräuter dazugeben und mit der Marinade mischen. Zugedeckt 30 Minuten ziehen lassen, dabei häufiger wenden.

3 Den Backofen auf 200 °C vorheizen. Das Gemüse samt Marinade auf einem Backblech nebeneinander verteilen und im Ofen auf der untersten Schiene 15 bis 20 Minuten garen. Herausnehmen und abkühlen lassen.

4 Vor dem Servieren den Mozzarella abtropfen lassen und grob zerpflücken. Das Basilikum waschen und trocken schütteln, die Blätter abzupfen und grob hacken. Beides zum Servieren über die Antipasti geben.

TIPP
Die Antipasti schmecken super als kleine leichte Mahlzeit zwischendurch. Man kann sie aber auch als Beilage zu gegrilltem Fisch oder Fleisch servieren, sollte dann aber den Mozzarella weglassen.

FENCHELROHKOST
MIT BIRNEN UND FETA

ZUTATEN FÜR 4 PERSONEN
40 g Walnusskerne
2 kleine Fenchelknollen
(ca. 500 g)
Salz
1 reife Birne (ca. 200 g)
4 EL Limettensaft
3–4 reife Feigen (ca. 160 g)
2 EL Weißweinessig
Pfeffer aus der Mühle
1 TL Agavendicksaft
4 EL Olivenöl
2 EL Traubenkernöl
½ Bund Schnittlauch
150 g Schafskäse (Feta)

ZUBEREITUNG: 30 Min.
PRO PORTION ca. 439 kcal,
10 g EW, 35 g F, 19 g KH

1 Die Walnüsse grob hacken und in einer beschichteten Pfanne ohne Fett rösten, bis sie zu duften beginnen. Vom Herd nehmen und abkühlen lassen.

2 Die Fenchelknollen putzen und waschen, das Fenchelgrün beiseitelegen. Den Fenchel längs vierteln, den harten Strunk entfernen und die Stücke in feine Streifen hobeln. Mit ¼ TL Salz bestreuen und mit den Händen etwa 2 Minuten durchkneten. Die Birne waschen, vierteln, entkernen und quer in dünne Scheiben schneiden, sofort mit 1 EL Limettensaft beträufeln. Die Feigen waschen und vorsichtig trocken tupfen, die Stielansätze entfernen und die Feigen in Spalten schneiden.

3 Für die Marinade Essig, übrigen Limettensaft, Salz, Pfeffer und Agavendicksaft verrühren. Oliven- und Traubenkernöl unterschlagen. Schnittlauch waschen, trocken schütteln und in feine Röllchen schneiden. Das Fenchelgrün trocken schütteln und grob hacken.

4 Kräuter, Fenchel, Birne und Feigen vorsichtig mischen, auf Tellern anrichten und mit der Marinade beträufeln. Feta zerbröckeln und mit den Nüssen zum Servieren darüberstreuen.

SPARGEL-CARPACCIO
MIT SPINAT ⊘ 🥛 Ⓥ

ZUTATEN FÜR 4 PERSONEN
1 EL Sesamsamen
300 g weißer Spargel
250 g grüner Spargel
80 g junger Blattspinat
200 g Cocktailtomaten
4 EL Limettensaft
2 EL Tamari-Sojasauce
1 TL flüssiger Honig
Salz, Pfeffer aus der Mühle
1 EL geröstetes Sesamöl
4 EL Soja- oder Erdnussöl

ZUBEREITUNG: 25 Min.
PRO PORTION ca. 221 kcal,
5 g EW, 18 g F, 8 g KH

1 Den Sesam in einer beschichteten Pfanne ohne Fett goldbraun anrösten. Vom Herd nehmen und abkühlen lassen.

2 Den Spargel waschen und die holzigen Enden abschneiden. Den weißen Spargel ganz, den grünen nur im unteren Drittel schälen. Die Spargelstangen auf dem Gemüsehobel schräg in hauchdünne Scheiben schneiden. Den Spinat verlesen, waschen und trocken schütteln, dabei grobe Stiele entfernen. Die Tomaten waschen und in Scheiben schneiden.

3 Spargelscheiben, Spinat und Tomaten auf Teller verteilen und mit 2 EL Limettensaft beträufeln.

4 Den übrigen Limettensaft, Sojasauce, Honig, wenig Salz und Pfeffer verrühren. Sesam- und Soja- oder Erdnussöl unterschlagen. Die Vinaigrette über das Carpaccio träufeln und alles mit dem gerösteten Sesam bestreuen.

GRÜNKERN-TABOULÉ
MIT GEMÜSE 🟢 Ⓥ Ⓑ

Erfrischend leicht und kernig: Der orientalische Gemüse-salat-Klassiker mit Tomaten, Gurken und Petersilie überzeugt hier als basische Variante mit dem als Grünkern bekannten halb reifen Dinkel.

ZUTATEN FÜR 4 PERSONEN
¾ l Gemüsebrühe
150 g Grünkern
400 g Tomaten
2 Mini-Gurken (à ca. 150 g)
3 Frühlingszwiebeln
1 rote Peperoni
1 unbehandelte Zitrone
Salz, Pfeffer aus der Mühle
2 TL flüssiger Honig
3 EL Olivenöl
1 Bund Petersilie

ZUBEREITUNG: 30 Min.
PRO PORTION ca. 319 kcal,
7 g EW, 14 g F, 36 g KH

1 Die Brühe in einem Topf aufkochen, den Grünkern einstreuen und zugedeckt bei schwacher Hitze 20 Minuten quellen lassen. Dann den Grünkern abgießen und offen abkühlen lassen.

2 Inzwischen die Tomaten waschen und vierteln, dabei die Stielansätze und Kerne entfernen. Das Fruchtfleisch in 1 bis 2 cm große Würfel schneiden. Die Gurken waschen und ebenfalls in kleine Würfel schneiden. Die Frühlingszwiebeln putzen, waschen, die weißen und hellgrünen Teile schräg in etwa ½ cm breite Scheiben schneiden. Die Peperoni längs halbieren, entkernen, waschen und in sehr kleine Würfel schneiden.

3 Für die Marinade die Zitrone heiß waschen und abtrocknen, 2 TL Schale abreiben und die Zitrone auspressen. Zitronensaft und -schale mit Salz, Pfeffer und Honig in einer Schüssel verrühren, das Öl nach und nach mit dem Schneebesen unterschlagen. Dann die Grünkernkörner mit Tomaten, Gurken, Frühlingszwiebeln und Peperoni unter die Marinade mischen.

4 Die Petersilie waschen und trocken schütteln, die Blätter abzupfen, grob hacken und unter den Salat heben. Mit Salz und Pfeffer abschmecken. Das Grünkern-Taboulé sofort servieren oder durchziehen lassen (siehe Tipp).

TIPP
Sie haben die Wahl: Sie können das Taboulé entweder lauwarm genießen oder 3 bis 4 Stunden zugedeckt in den Kühlschrank stellen und als kleine kalte Mahlzeit an heißen Tagen servieren. Wer es gern feinsüßlich mag, kann zusätzlich noch 50 g Korinthen oder Sultaninen unter das Taboulé mischen.

ORIENTALISCHER
AUBERGINENSALAT 🌱 🌾 🍃 Ⓑ

Hier geht's bunt und basisch zu: Der Inkareis Quinoa ist reich an Eiweiß und Mineralstoffen. Das scharfe Gewürz Pul biber und knackig-frische Kräuter runden den Geschmack von gebratenen Auberginen und Möhren ab.

ZUTATEN FÜR 4 PERSONEN
1 große Aubergine (ca. 400 g)
Salz
1/2 l Gemüsebrühe (glutenfrei)
150 g Quinoa
150 g Möhren
2 Frühlingszwiebeln
1 rote Zwiebel
2 Knoblauchzehen
1/2 Bund Petersilie
2 Stiele Minze
4–5 EL Olivenöl
2 EL Zitronensaft
Pfeffer
1 TL Dattelsirup
1 TL Pul biber (scharfe Paprikaflocken)

ZUBEREITUNG: 45 Min.
PRO PORTION ca. 339 kcal,
8 g EW, 17 g F, 35 g KH

1 Die Aubergine putzen, waschen, abtrocknen und in etwa 2 cm große Würfel schneiden. Auf einem Teller mit 1 TL Salz bestreuen und etwa 20 Minuten ziehen lassen.

2 Inzwischen die Brühe in einem Topf aufkochen. Die Quinoa in einem Sieb heiß abbrausen, in die Brühe streuen und zugedeckt bei schwacher Hitze 15 bis 20 Minuten garen. Dann die Brühe abgießen und die Quinoa lauwarm abkühlen lassen.

3 Währenddessen die Möhren schälen und schräg in dünne Scheiben schneiden. Die Frühlingszwiebeln putzen und waschen, die weißen und hellgrünen Teile in feine Ringe schneiden. Zwiebel und Knoblauch schälen und in feine Würfel schneiden. Petersilie und Minze waschen und trocken schütteln, die Blätter abzupfen und grob hacken. Auberginenwürfel mit Küchenpapier trocken tupfen.

4 Das Öl in einer großen Pfanne erhitzen und Zwiebel und Knoblauch darin anbraten. Auberginen und Möhren dazugeben und unter Wenden bei mittlerer Hitze 10 Minuten braten. Dann Frühlingszwiebeln und Zitronensaft dazugeben und etwa 2 Minuten mitbraten. Das Gemüse in eine Schüssel füllen. Die gequollene Quinoa und zwei Drittel der Kräuter unterheben, mit Salz, Pfeffer, Dattelsirup und Pul biber kräftig würzen. Den Auberginensalat mit den übrigen Kräutern bestreut servieren.

TIPP

Quinoa gehört zu den Pseudogetreide-Sorten: Sieht aus wie Getreide, ist aber keines. Es sind die Samen eines Fuchsschwanzgewächses und daher glutenfrei. Wer nicht unbedingt auf Gluten verzichten muss, kann die runden Körner in diesem Salat durch Bulgur, einen groben Hartweizengrieß, ersetzen.

ROTE-BETE-SALAT
MIT KICHERERBSEN 🌱 🥜 🌿 Ⓑ

Schöne Grüße aus der Blitzküche! Die zartnussigen Hülsenfrüchte aus der Dose harmonieren aufs Feinste mit dem milden Aroma von vorgegarten Roten Beten. Und das Beste: Der Salat steht im Handumdrehen auf dem Tisch!

ZUTATEN FÜR 4 PERSONEN
2 EL Sonnenblumenkerne
500 g gegarte geschälte Rote Bete (vakuumverpackt)
1 Schalotte
½ unbehandelte Zitrone
Salz, Pfeffer aus der Mühle
6 EL Olivenöl
1 kleiner säuerlicher Apfel
1 Dose Kichererbsen
(265 g Abtropfgewicht)
½ Bund Petersilie

ZUBEREITUNG: 20 Min.
PRO PORTION ca. 360 kcal, 9 g EW, 22 g F, 28 g KH

1 Die Sonnenblumenkerne in einer beschichteten Pfanne ohne Fett anrösten. Vom Herd nehmen und abkühlen lassen.

2 Rote Bete in etwa 1 cm große Würfel schneiden. Schalotte schälen, halbieren und in feine Halbringe schneiden. Die Zitrone heiß waschen, abtrocknen, die Schale abreiben und 2 EL Saft auspressen. In einer Schüssel Zitronensaft und -schale, Salz, Pfeffer und Öl verrühren, Rote Bete und Schalotte in der Marinade wenden.

3 Den Apfel waschen, achteln, entkernen und quer in Scheiben schneiden. Die Kichererbsen in ein Sieb abgießen, kalt abbrausen und gut abtropfen lassen. Apfelscheiben und Kichererbsen unter die Rote Bete mischen, mit Salz und Pfeffer abschmecken.

4 Die Petersilie waschen und trocken schütteln, die Blätter abzupfen und grob hacken. Den Rote-Bete-Salat mit der Petersilie mischen und mit den Sonnenblumenkernen bestreuen.

TIPP
Wer mehr Zeit hat, kocht die Rote Bete selbst. Dazu die Rüben gründlich waschen, aber weder Wurzel- noch Blattansätze entfernen, sonst bluten die Knollen aus und verlieren viel Aroma. Die ungeschälten Rüben in kochendem Salzwasser je nach Größe bis zu 1 Stunde garen. Nach dem Kochen unter fließendem kaltem Wasser pellen. Die Knollen in Würfel schneiden und wie beschrieben für den Salat verwenden.

WEISSE-BOHNEN-SALAT
MIT ZUCCHINI

Ein knackiger Begleiter für den Sommer: Weiße Bohnen, Rucola, gebratene Zucchini und Tomaten verbinden sich mit einem würzigen Pesto-Dressing zu einem Salat, wie man ihn nicht nur in Bella Italia liebt.

ZUTATEN FÜR 4 PERSONEN
2 EL Kürbiskerne
400 g junge Zucchini
2 EL Olivenöl
Salz, Pfeffer aus der Mühle
250 g gelbe und rote Cocktailtomaten
50 g Rucola
1 Dose weiße Riesenbohnen
(250 g Abtropfgewicht)
1 EL Basilikum-Pesto
(aus dem Glas)
6 EL Gemüsebrühe (glutenfrei)
1 EL Kürbiskernöl

ZUBEREITUNG: 30 Min.
PRO PORTION ca. 194 kcal,
7 g EW, 15 g F, 7 g KH

1 Die Kürbiskerne in einer beschichteten Pfanne ohne Fett bei mittlerer Hitze anrösten. Vom Herd nehmen und abkühlen lassen.

2 Die Zucchini putzen, waschen, längs halbieren und in etwa 2 cm große Stücke schneiden. Das Olivenöl in einer Pfanne erhitzen und die Zucchinistücke darin bei mittlerer Hitze etwa 5 Minuten braten. Vom Herd nehmen, mit Salz und Pfeffer würzen.

3 Die Tomaten waschen und halbieren. Den Rucola verlesen, waschen und trocken schütteln, dabei grobe Stiele entfernen. Die Rucolablätter grob schneiden. Die Bohnen in ein Sieb abgießen, kalt abbrausen und gut abtropfen lassen.

4 In einer Schüssel das Basilikum-Pesto mit Brühe und Kürbiskernöl gründlich verrühren, mit wenig Salz und Pfeffer würzen. Die noch warmen Zucchini, Tomaten, Rucola und Bohnen dazugeben und alles vorsichtig mischen. Den Salat auf Tellern anrichten und mit den gerösteten Kürbiskernen bestreuen.

TIPP
Der Bohnensalat mit Zucchini ist an sich schon ein Highlight. Er schmeckt aber auch toll zu einer kleinen Portion gegrilltem Fisch wie Dorade oder Wolfsbarsch und ist ebenso zu kurz gebratenem Fleisch wie Hähnchen- oder Lammfilet ein Hochgenuss.

ANMACHEN ERLAUBT!

Aromatische Dressings geben jedem Salat die nötige Würze. Ob mit Kichererbsen, Tomaten oder Gurken und frischem Obst – diese Saucen toppen im wahrsten Sinne alles und schmecken überraschend anders!

PETERSILIEN-HUMMUS
MIT SEIDENTOFU

Für 4 Personen **1 kleine Knoblauchzehe** schälen und in feine Würfel schneiden. **60 g Kichererbsen** (aus der Dose) in ein Sieb abgießen, kalt abbrausen und abtropfen lassen. **½ Bund Petersilie** waschen und trocken schütteln, die Blätter abzupfen und grob hacken. Alles mit **2 EL Zitronensaft**, **100 g Seidentofu**, **2 EL Olivenöl** und **1 EL Tahin** (Sesampaste) in einem hohen Rührbecher mit dem Stabmixer glatt pürieren. Die Creme mit **Salz** und **Pfeffer** würzen. Passt zu: Tomaten-, Gurken- oder Rohkostsalat.

ZUBEREITUNG: 15 Min.
PRO PORTION ca. 120 kcal,
4 g EW, 10 g F, 4 g KH

GURKENDRESSING
MIT APFEL

Für 4 Personen ½ **säuerlichen Apfel** (z. B. Elstar, 75 g) waschen, vierteln, entkernen und klein schneiden. **100 g Salatgurke** schälen und längs halbieren, die Kerne mit einem Teelöffel entfernen und die Gurkenhälften grob zerkleinern. Apfel und Gurke in einen hohen Rührbecher geben. **2 TL Zitronensaft**, **75 ml Apfelsaft** (am besten frisch aus dem Entsafter) und **2 EL Olivenöl** hinzufügen, alles mit dem Stabmixer fein pürieren. Das Dressing mit **Salz** und **Pfeffer** abschmecken. Passt zu: Chicorée, Radicchio, Endivie und anderen bitteren Blattsalaten.

ZUBEREITUNG: 15 Min.
PRO PORTION ca. 80 kcal,
0 g EW, 6 g F, 6 g KH

TOMATENDRESSING
MIT CHILI

Für 4 Personen **je 1 kleine Zwiebel und Knoblauchzehe** schälen und fein würfeln. **100 g Tomaten** waschen und halbieren, dabei die Stielansätze und Kerne entfernen. Die Tomaten in Würfel schneiden. **5 EL Olivenöl** erhitzen, Zwiebel und Knoblauch darin andünsten. Die Tomatenwürfel hinzufügen und 5 Minuten mitdünsten. Alles in einen hohen Rührbecher geben, **1 TL flüssigen Honig**, **2 TL Weißweinessig** und **1 TL Pul biber** (scharfe Paprikaflocken) hinzufügen, alles mit dem Stabmixer fein pürieren. Das Dressing mit **Salz** und **Pfeffer** abschmecken und mit 4–5 EL Wasser verdünnen. Passt zu: Bulgur und kräftigen Salaten wie Endivie oder Chicorée.

ZUBEREITUNG: 25 Min.
PRO PORTION ca. 150 kcal,
0 g EW, 15 g F, 3 g KH

BROKKOLI-LINSEN-SALAT
MIT GARNELEN

Für alle, die sich im Alltag einen Hauch Luxus gönnen möchten, ist dieser raffinierte Sattmachersalat genau das Richtige. Buntes Gemüse, Linsen und Garnelen werden von einer Zitronen-Chili-Vinaigrette würzig in Szene gesetzt.

ZUTATEN FÜR 4 PERSONEN
200 g Puy-Linsen
600 ml Gemüsebrühe (glutenfrei)
400 g Brokkoli
3 Frühlingszwiebeln
je 1 kleine rote und gelbe Paprikaschote
1 rote Chilischote
1 unbehandelte Zitrone
Salz, Pfeffer aus der Mühle
5 EL Olivenöl
250 g rohe geschälte Garnelen (küchenfertig)

ZUBEREITUNG: 40 Min.
PRO PORTION ca. 437 kcal,
28 g EW, 20 g F, 28 g KH

1 Die Linsen in einem Topf mit ½ l Gemüsebrühe aufkochen und bei schwacher Hitze zugedeckt 25 bis 30 Minuten garen. Dann eventuell überstehende Brühe abgießen und die Linsen offen abkühlen lassen.

2 Inzwischen den Brokkoli putzen und in kleine Röschen teilen, die Stiele schälen und in etwa 1 cm breite Stücke schneiden. Brokkoliröschen und -stiele in der übrigen Brühe zugedeckt bei mittlerer Hitze etwa 5 Minuten dünsten. In ein Sieb abgießen, dabei den Sud auffangen. Den Brokkoli kalt abschrecken und gut abtropfen lassen.

3 Die Frühlingszwiebeln putzen, waschen, weiße und hellgrüne Teile in feine Ringe schneiden. Paprika längs vierteln, entkernen, waschen und in 1 cm große Würfel schneiden. Die Chili längs halbieren, entkernen, waschen und in sehr kleine Würfel schneiden.

4 Für die Marinade die Zitrone heiß waschen und abtrocknen, die Schale fein abreiben und 4 EL Saft auspressen. In einer Schüssel Zitronensaft und -schale, 100 ml Brokkoli-Kochsud, Salz, Pfeffer, Chili und 4 EL Öl verrühren. Linsen, Brokkoli, Frühlingszwiebeln und Paprika mit der Marinade mischen.

5 Die Garnelen waschen und trocken tupfen, in einer Pfanne im übrigen Öl bei mittlerer bis starker Hitze auf beiden Seiten je 1 bis 2 Minuten braten. Vom Herd nehmen, leicht mit Salz und Pfeffer würzen und auf dem Brokkoli-Linsen-Salat anrichten.

TIPP
Dieser Salat ist auch perfekt fürs Büfett: Die Mengen lassen sich problemlos erhöhen und den Salat kann man gut im Voraus zubereiten. Besonders dekorativ: den Salat in kleinen Gläsern servieren.

KARTOFFELSALAT
MIT BRUNNENKRESSE

Herzhaft und gesund: Gebratene Champignons sind der Clou bei diesem Frühlings-Kartoffelsalat. Mit im Bunde: Brunnenkresse und Radieschen, die für frische Schärfe sorgen und den Stoffwechsel ankurbeln.

ZUTATEN FÜR 4 PERSONEN
750 g kleine neue Kartoffeln
Salz
2 Zwiebeln
300 g kleine Champignons
4 EL Olivenöl
300 ml Gemüsebrühe (glutenfrei)
Pfeffer aus der Mühle
Zucker
2 EL Weißweinessig
2 EL Zitronensaft
1 Bund Radieschen
1 Bund Brunnenkresse (ca. 150 g)
2 TL Dijon-Senf (glutenfrei)
4 EL Walnussöl

ZUBEREITUNG: 40 Min.
PRO PORTION ca. 412 kcal,
8 g EW, 26 g F, 33 g KH

1 Die Kartoffeln mit Schale gründlich waschen (siehe Tipp) und zugedeckt in Salzwasser 15 bis 20 Minuten weich garen.

2 Inzwischen die Zwiebeln schälen und in feine Würfel schneiden. 200 g Champignons putzen, falls nötig, trocken abreiben und in dünne Scheiben schneiden. Das Olivenöl in einer Pfanne erhitzen und die Pilze darin bei starker Hitze 3 bis 4 Minuten braun braten. Herausnehmen und beiseitestellen. Die Zwiebeln im restlichen Bratfett andünsten. Mit der Brühe ablöschen und aufkochen. Mit Salz, Pfeffer, 1 Prise Zucker, Essig und Zitronensaft würzen.

3 Die Kartoffeln abgießen, kurz ausdampfen lassen und in 3 bis 4 mm dünne Scheiben schneiden. In einer Schüssel mit dem heißen Brühe-Mix übergießen und etwa 30 Minuten ziehen lassen.

4 Währenddessen die Radieschen putzen und waschen. Übrige Champignons wie beschrieben putzen und wie die Radieschen in feine Scheiben hobeln oder schneiden. Die Brunnenkresse verlesen, waschen und trocken tupfen, dabei grobe Stiele entfernen.

5 Den Senf, einige EL Kartoffelmarinade und das Walnussöl gut verrühren, mit den Radieschen sowie den rohen und gebratenen Pilzen unter die Kartoffeln mischen. Den Kartoffelsalat nach Belieben mit Salz und Pfeffer nachwürzen und die Brunnenkresse zum Servieren unterheben.

TIPP
Die Schale von Frühkartoffeln ist so dünn, dass man sie mitessen kann. Vor dem Kochen die Kartoffeln mit einer Gemüsebürste oder der rauen Seite eines Küchenschwamms unter fließendem kaltem Wasser einfach nur gründlich säubern.

BUCHWEIZEN-BLINIS
MIT ROTE-BETE-SALSA

Eine russisch-mexikanische Verbindung: Die kleinen Buchweizenpfannkuchen können sich keinen besseren Begleiter wünschen als die Rote-Bete-Salsa mit Avocado, erfrischender Limette und würzigem Koriander.

ZUTATEN FÜR 4 PERSONEN
15 g frische Hefe
½ TL flüssiger Honig
100 ml lauwarme Milch
50 g Dinkelvollkornmehl
40 g Buchweizenmehl
2 Eier
Salz
3 EL Olivenöl
1 reife Avocado
250 g gegarte geschälte Rote Bete (vakuumverpackt)
1 kleine rote Zwiebel
4 Stiele Koriander
4 EL Limettensaft
Pfeffer aus der Mühle

ZUBEREITUNG: 20 Min.
QUELLEN: 45 Min.
PRO PORTION ca. 386 kcal,
10 g EW, 19 g F, 40 g KH

1 Die Hefe zerbröckeln, mit dem Honig und der lauwarmen Milch verquirlen. Dinkel- und Buchweizenmehl mit Eiern, Hefemischung und 1 Prise Salz verrühren. Den Teig zugedeckt etwa 45 Minuten quellen lassen.

2 In einer großen beschichteten Pfanne 1 TL Öl erhitzen. Vom Teig mit einem Esslöffel kleine Portionen abnehmen und in das heiße Fett setzen. Die Blinis etwa 2 Minuten braten, dann wenden und in weiteren 2 Minuten fertig backen. Auf diese Weise aus dem restlichen Teig Blinis backen, fertige Blinis auf einem Teller im vorgeheizten Backofen bei 80 °C warm halten.

3 Inzwischen die Avocado halbieren und den Kern entfernen, die Hälften schälen und in etwa 1 cm große Würfel schneiden. Rote Bete ebenfalls in kleine Würfel schneiden. Die Zwiebel schälen und fein würfeln. Den Koriander waschen und trocken schütteln, die Blätter abzupfen und fein hacken.

4 Den Limettensaft mit Salz, Pfeffer und restlichem Öl verrühren, Avocado, Rote Bete, Zwiebel und Koriander untermischen. Die Rote-Bete-Salsa zu den Buchweizen-Blinis servieren.

TIPP
Die Blinis können Sie schon ein paar Tage im Voraus braten, auf einem Teller mit Backpapier übereinanderschichten und zugedeckt im Kühlschrank aufbewahren oder in Gefrierbeuteln einfrieren. Zum Servieren auf einem Backblech im vorgeheizten Backofen bei 100 °C auf der mittleren Schiene 6 bis 8 Minuten erwärmen.

GEMÜSESCHMARREN
MIT GRÜNKERN 🌱 Ⓥ

Kaiserschmarren war gestern: Diese herzhafte Veggie-Variante mit Möhren, Champignons und Zuckerschoten überrascht mit ihrem nussigen Aroma und ist dank Grünkernmehl ein absoluter Basengenuss mit Aha-Effekt.

ZUTATEN FÜR 4 PERSONEN
250 g dünne Möhren
150 g Champignons
100 g Zuckerschoten
3 Frühlingszwiebeln
3 Eier
½ TL Salz
90 g Grünkernmehl
½ TL Weinsteinbackpulver
Pfeffer aus der Mühle
100 ml Sojadrink
2 EL Olivenöl
8 Basilikumblätter

ZUBEREITUNG: 45 Min.
PRO PORTION ca. 270 kcal,
12 g EW, 11 g F, 27 g KH

1 Die Möhren schälen und schräg in dünne Scheiben schneiden oder hobeln. Die Pilze putzen, falls nötig, trocken abreiben und ebenfalls in Scheiben schneiden. Die Zuckerschoten putzen, waschen und schräg in 1 cm breite Stücke schneiden. Die Frühlingszwiebeln putzen und waschen, die weißen und hellgrünen Teile schräg in etwa 1 cm breite Scheiben schneiden.

2 Die Eier trennen. Die Eiweiße mit 1 Prise Salz steif schlagen. Grünkernmehl und Backpulver mischen. Die Eigelbe mit übrigem Salz, Pfeffer, Sojadrink und der Grünkernmischung verrühren und den Eischnee mit einem Teigspatel unterheben.

3 Das Öl in einer großen beschichteten Pfanne erhitzen und die Möhren darin etwa 2 Minuten andünsten. Pilze, Zuckerschoten und Frühlingszwiebeln dazugeben und 2 Minuten mitdünsten, dann das Gemüse mit Salz und Pfeffer würzen.

4 Den Grünkernteig über das Gemüse gießen, dabei die Pfanne rütteln, damit der Teig bis zum Pfannenboden durchdringt. Alles bei mittlerer Hitze 5 bis 7 Minuten braten. Den Teig mit dem Pfannenwender vierteln, wenden und weitere 7 bis 8 Minuten braten. Das Basilikum waschen und trocken schütteln, die Blätter abzupfen oder grob zerkleinern. Den Schmarren mit zwei Gabeln zerzupfen, auf Tellern anrichten und mit Basilikum bestreuen.

TIPP
Der Gemüseschmarren lässt sich recht variabel auftischen: Servieren Sie ihn mit einem gemischten Salat als Imbiss für vier oder – nach Belieben noch mit gerösteten Pinienkernen on top – als leckeres vegetarisches Hauptgericht für zwei.

TOMATENMOUSSE
AUF BLATTSALAT 🌾 🅥

Die fein gewürzte Creme aus Tomaten und Sahne macht als edle Vorspeise oder leichter Imbiss glücklich. Und damit auch das Auge seine helle Freude daran hat, werden die Nocken auf Salat und bunte Tomaten gebettet.

ZUTATEN FÜR 4 PERSONEN
3 Blatt Gelatine
2–3 Stiele Basilikum
1 kleine Dose stückige Tomaten (200 g)
1 EL Tomatenmark
5 EL Olivenöl
Salz
2–3 Spritzer Tabasco
100 g Sahne
2 EL Aceto balsamico bianco
Pfeffer aus der Mühle
150 g bunte Cocktailtomaten
200 g junge Salatblätter
(z. B. Mangold, Spinat, Rote Bete)

ZUBEREITUNG: 45 Min.
GELIEREN: 4 Std.
(am besten über Nacht)
PRO PORTION ca. 237 kcal,
3 g EW, 23 g F, 3 g KH

1 Die Gelatine in kaltem Wasser einweichen. Die Basilikumblätter von den Stielen zupfen, waschen und grob hacken. Mit Tomaten, Tomatenmark und 1 EL Öl in einen hohen Rührbecher geben und mit dem Stabmixer fein pürieren.

2 Die Gelatine tropfnass in einen kleinen Topf geben und bei schwacher Hitze unter Rühren auflösen. Ein Viertel des Tomatenpürees mit dem Schneebesen unterrühren. Dann die Gelatinemischung unter das restliche Tomatenpüree rühren, mit Salz und Tabasco würzen und 20 Minuten kühl stellen.

3 Inzwischen die Sahne steif schlagen und mit einem Teigspatel unter das etwas gelierte Tomatenpüree heben. Die Mousse in eine Schüssel füllen und zugedeckt mindestens 4 Stunden – am besten über Nacht – im Kühlschrank fest werden lassen.

4 Für den Salat Essig, 2 EL Wasser, Salz, Pfeffer und übriges Öl zu einer Vinaigrette verrühren. Die Cocktailtomaten waschen und halbieren. Die Salatblätter waschen, gut abtropfen lassen und mit den Tomaten unter die Vinaigrette heben. Den Salat auf Teller verteilen. Aus der Tomatenmousse mit zwei angefeuchteten Teelöffeln kleine Nocken ausstechen und auf dem Salat anrichten.

TIPP

Perfekt in Form gebracht: Sie können die Tomatenmousse auch in vier Portionsförmchen (à ca. 150 ml Inhalt) füllen, wie beschrieben kühl stellen und zum Servieren kurz in heißes Wasser tauchen. Dann die Mousse mithilfe eines kleinen Messers jeweils am Rand lösen, aus den Förmchen auf einen Teller stürzen und mit dem Salat anrichten.

SUPPEN & EINTÖPFE

Diese leichten Suppen und würzigen Eintöpfe bringen **FARBE UND ABWECHSLUNG** in den Teller, wärmen den Magen und liefern viel **ENERGIE UND KRAFT** für neue Aufgaben. Eine Wohltat für Körper und Seele – so schmeckt basisches **LÖFFELGLÜCK!**

MINESTRONE
MIT SALSA ROSSA

Der gute alte Suppenklassiker aus Italien zeigt sich hier mit Dicken Bohnen, allerlei grünem Gemüse und einer würzigen Salsa aus getrockneten Tomaten und Petersilie von seiner raffiniert sommerlichen Seite.

ZUTATEN FÜR 4 PERSONEN
150 g getrocknete Tomaten
(in Öl) + 2 EL Einlegeöl
2 TL Kapern
2 Knoblauchzehen
6 EL Olivenöl
3 Stiele Petersilie
Salz, Pfeffer aus der Mühle
1 Zwiebel
300 g gepalte Dicke Bohnen
(frisch, tiefgekühlt oder aus
dem Glas)
1½ l Gemüsebrühe (glutenfrei)
3 Stiele Bohnenkraut
250 g grüner Spargel
2 kleine Zucchini (ca. 300 g)
600 g Tomaten
250 g gepalte Erbsen
(frisch oder tiefgekühlt)

ZUBEREITUNG: 50 Min.
PRO PORTION ca. 423 kcal,
14 g EW, 26 g F, 26 g KH

1 Für die Salsa die getrockneten Tomaten und Kapern in einen hohen Rührbecher geben. 1 Knoblauchzehe schälen, grob zerkleinern und dazugeben. Das Tomateneinlegeöl und 4 EL Olivenöl dazugießen und alles mit dem Stabmixer fein pürieren. Die Petersilie waschen und trocken schütteln, die Blätter abzupfen, fein hacken und untermischen. Die Salsa mit Salz und Pfeffer abschmecken.

2 Zwiebel und übrige Knoblauchzehe schälen und in feine Würfel schneiden. Die Dicken Bohnen eventuell antauen oder abtropfen lassen. Das restliche Olivenöl in einem Topf erhitzen und Zwiebel und Knoblauch darin andünsten. Dicke Bohnen hinzufügen und etwa 3 Minuten andünsten. Mit der Brühe aufgießen und aufkochen. Das Bohnenkraut waschen, trocken schütteln und hinzufügen. Alles zugedeckt bei schwacher Hitze 7 Minuten köcheln lassen.

3 Inzwischen den Spargel waschen und die holzigen Enden abschneiden, den Spargel im unteren Drittel schälen und schräg in 3 bis 4 cm breite Stücke schneiden. Dann zu den Bohnen in den Topf geben und weitere 7 Minuten mitgaren.

4 Zucchini putzen, waschen und in 1 cm große Würfel schneiden. Tomaten kreuzweise einritzen, überbrühen und kalt abschrecken. Dann häuten, vierteln und entkernen. Das Fruchtfleisch in kleine Würfel schneiden. Zucchini, Tomaten und frische oder gefrorene Erbsen hinzufügen. Alles noch 5 Minuten köcheln lassen, mit Salz und Pfeffer abschmecken. Die Minestrone auf tiefe Teller oder Schalen verteilen und mit der Salsa rossa servieren.

TIPP
Quer durch den Garten: Die Minestrone können Sie je nach Saison und Angebot mit anderen Gemüsesorten abwandeln – zum Beispiel mit Brokkoli, Blumenkohl, Fenchel, Lauch und Möhren sowie mit Mangold, Wirsing oder weißen Bohnen.

KÜRBISSUPPE
MIT CHILI-GREMOLATA

Kein Herbst ohne Kürbissuppe – aber diesmal bitte nach neuem Rezept! Hier sorgen Ingwer und eine Chili-Gremolata für frische Schärfe und geröstete Kürbiskerne für zusätzliches Aroma und Biss.

ZUTATEN FÜR 4 PERSONEN
600 g Hokkaidokürbis
1 Zwiebel
1 Stück Ingwer (ca. 20 g)
2 EL Olivenöl
750 ml Gemüsebrühe (glutenfrei)
125 g Sahne
Salz, Pfeffer aus der Mühle
2 EL Kürbiskerne
1 unbehandelte Zitrone
1 Knoblauchzehe
½ Bund Petersilie
½ TL Chiliflocken
1 EL Kürbiskernöl

ZUBEREITUNG: 45 Min.
PRO PORTION ca. 279 kcal,
4 g EW, 25 g F, 8 g KH

1 Den Kürbis in breite Spalten schneiden, die Fasern und Kerne entfernen. Das Kürbisfleisch in etwa 2 cm große Würfel schneiden. Zwiebel und Ingwer schälen und in feine Würfel schneiden.

2 Das Öl in einem Topf erhitzen und Zwiebel und Ingwer darin 1 bis 2 Minuten andünsten. Den Kürbis hinzufügen und 2 Minuten mitdünsten. Brühe und Sahne dazugießen, aufkochen und mit Salz und Pfeffer würzen. Alles zugedeckt bei schwacher Hitze 15 bis 20 Minuten garen, bis die Kürbiswürfel weich sind.

3 Inzwischen die Kürbiskerne in einer beschichteten Pfanne ohne Fett anrösten, bis sie anfangen zu knistern. Vom Herd nehmen und abkühlen lassen.

4 Für die Gremolata die Zitrone heiß waschen, abtrocknen und die Schale fein abreiben. Die Knoblauchzehe schälen und in feine Würfel schneiden. Die Petersilie waschen und trocken schütteln, die Blätter abzupfen und fein hacken. Mit Knoblauch, Zitronenschale und Chiliflocken mischen.

5 Die Suppe mit dem Stabmixer oder in einem Standmixer fein pürieren. Nochmals mit Salz und Pfeffer abschmecken und in tiefen Tellern anrichten. Mit Gremolata und Kürbiskernen bestreuen und mit Kürbiskernöl beträufeln. Sofort servieren.

TIPP
Für einen zusätzlichen Aroma-Kick 1 EL Madras-Currypulver mit dem Kürbis in den Topf geben und unter Rühren 1 Minute dünsten. Dann wie im Rezept beschrieben fortfahren.

LAUCHCREMESUPPE
MIT PETERSILIENÖL

ZUTATEN FÜR 4 PERSONEN
3 dünne Stangen Lauch
(à ca. 150 g)
200 g mehligkochende
Kartoffeln
1 Zwiebel
3 EL Olivenöl
1½ l Gemüsebrühe (glutenfrei)
300 ml Mandeldrink
1 Bund Petersilie
6 EL Mandel- oder Traubenkernöl
Salz
150 g Sahne
Pfeffer aus der Mühle
frisch geriebene Muskatnuss

ZUBEREITUNG: 45 Min.
PRO PORTION ca. 485 kcal,
7 g EW, 43 g F, 17 g KH

1 Den Lauch putzen und waschen, 2 Stangen längs halbieren und die weißen und hellgrünen Teile in 1 cm breite Stücke schneiden. Übrigen Lauch beiseitelegen. Die Kartoffeln schälen und in Würfel schneiden. Die Zwiebel schälen und in feine Würfel schneiden.

2 In einem großen Topf 2 EL Olivenöl erhitzen und die Zwiebel darin bei mittlerer Hitze andünsten. Lauch und Kartoffeln dazugeben und 2 bis 3 Minuten mitdünsten. Brühe und Mandeldrink dazugießen, alles zugedeckt aufkochen und bei mittlerer Hitze 15 bis 20 Minuten garen.

3 Inzwischen die Petersilie waschen und trocken schütteln, die Blätter abzupfen und in einen hohen Rührbecher geben. Mandel- oder Traubenkernöl dazugeben und alles mit dem Stabmixer fein pürieren, das Petersilienöl beiseitestellen.

4 Die beiseitegelegte Lauchstange in feine Ringe schneiden und im restlichen Olivenöl in einer beschichteten Pfanne bei mittlerer Hitze 4 bis 5 Minuten dünsten. Mit Salz würzen.

5 Die Sahne unter die Suppe rühren, dann mit dem Stabmixer fein pürieren. Mit Salz, Pfeffer und Muskatnuss würzen. Die Suppe in tiefen Tellern anrichten, mit den Lauchringen bestreuen und mit dem Petersilienöl beträufeln.

BLUMENKOHLSUPPE
MIT KOKOSMILCH

ZUTATEN FÜR 4 PERSONEN
1 kg Blumenkohl
1 Zwiebel
2 Stangen Zitronengras
1 EL Öl
2 TL rote Thai-Currypaste
(glutenfrei)
900 ml Gemüsebrühe (glutenfrei)
200 g tiefgekühlte Erbsen
3 Frühlingszwiebeln
1 rote Chilischote
½ Bund Koriander
200 ml Kokosmilch
(aus der Dose)
Salz, Pfeffer aus der Mühle
1–2 TL Zitronensaft

ZUBEREITUNG: 45 Min.
PRO PORTION ca. 203 kcal,
8 g EW, 11 g F, 14 g KH

1 Den Blumenkohl putzen, waschen und in Röschen schneiden. Die Zwiebel schälen und in feine Würfel schneiden. Zitronengras auf 12 cm kürzen und mit einem Stieltopf flach klopfen.

2 Das Öl in einem Topf erhitzen und die Zwiebel darin andünsten. Den Blumenkohl hinzufügen und kurz mitdünsten. Zitronengras und Currypaste dazugeben, alles mit der Brühe aufgießen, aufkochen und zugedeckt bei mittlerer Hitze etwa 15 Minuten kochen lassen.

3 Inzwischen die Erbsen antauen lassen. Die Frühlingszwiebeln putzen und waschen, weiße und hellgrüne Teile in feine Ringe schneiden. Die Chilischote längs halbieren, entkernen, waschen und in feine Würfel schneiden. Den Koriander waschen und trocken schütteln, die Blätter abzupfen und grob hacken.

4 Die Hälfte der Blumenkohlröschen und das Zitronengras aus der Suppe nehmen. Die Suppe mit dem Stabmixer glatt pürieren. Dann Kokosmilch, Erbsen, Frühlingszwiebeln, Chili und Blumenkohl dazugeben, alles erneut aufkochen und bei mittlerer Hitze weitere 5 Minuten garen. Die Suppe mit Salz, Pfeffer und Zitronensaft abschmecken und mit dem Koriander bestreuen.

GEMÜSESUPPE
MIT KARTOFFELN ✦ Ⓑ

Basischer Löffelgenuss querbeet: Hier garen neben Kartoffeln noch Kohlrabi, Möhren und Pastinaken in der Brühe. Das Ergebnis: ein gesundes Süppchen, das in einer überraschend eleganten Light-Version auf den Tisch kommt.

ZUTATEN FÜR 4 PERSONEN
700 g mehligkochende
Kartoffeln
2 junge Kohlrabi (ca. 500 g)
300 g Möhren
300 g Pastinaken
1 Zwiebel
2 EL Öl
1 l Gemüsebrühe (glutenfrei)
¼ l Mandeldrink
100 g Sahne
Salz, Pfeffer aus der Mühle
frisch geriebene Muskatnuss
100 g gekochter Schinken
(am Stück)
1 Beet Kresse

ZUBEREITUNG: 50 Min.
PRO PORTION ca. 474 kcal,
16 g EW, 22 g F, 64 g KH

1 Die Kartoffeln schälen und in 1½ cm große Würfel schneiden. Kohlrabi, Möhren und Pastinaken schälen und ebenfalls in Würfel schneiden. Zwiebel schälen und in feine Würfel schneiden.

2 Das Öl in einem großen Topf erhitzen und die Zwiebel darin andünsten. Kartoffeln, Kohlrabi, Möhren und Pastinaken dazugeben und bei mittlerer Hitze 2 bis 3 Minuten mitdünsten. Die Brühe dazugießen, alles einmal aufkochen und zugedeckt bei mittlerer Hitze 10 Minuten garen.

3 Den Mandeldrink dazugießen, alles weitere 5 Minuten kochen lassen. Ein Drittel der Kartoffeln und des Gemüses sowie etwas Brühe in einen hohen Rührbecher geben und mit dem Stabmixer fein pürieren. Den Gemüsemix zurück in die Suppe geben, alles mit der Sahne verrühren. Die Suppe zugedeckt bei schwacher Hitze noch 5 Minuten garen. Mit Salz, Pfeffer und Muskatnuss würzen.

4 Den Kochschinken in kleine Würfel schneiden. Die Kresse vom Beet schneiden, waschen und trocken tupfen. Die Suppe in tiefen Tellern anrichten und mit Schinken und Kresse bestreuen.

TIPP
Wer mag, kann zum Schluss noch die fein abgeriebene Schale von ½ unbehandelten Zitrone mit 4 TL Mandel- oder Walnussöl mischen und über die Suppe träufeln. Lecker!

LACHSEINTOPF
MIT BUNTEM GEMÜSE ⊘

Einfach genial – eine köstliche Fischsuppe, mit der Sie auch Gäste ködern können: Fenchel, Lauch, Möhren und Zucchini harmonieren aufs Feinste mit dem sahnigen Gemüsefond, Dill und Fenchelgrün.

ZUTATEN FÜR 4 PERSONEN
1 große Fenchelknolle
(ca. 400 g)
200 g Möhren
200 g Zucchini
1 Stange Lauch (ca. 300 g)
1 Zwiebel
2 EL Öl
1 l Fischfond (aus dem Glas, glutenfrei)
150 g Sahne
1 kleine Knoblauchzehe
1 Lorbeerblatt
300 g Lachsfilet (ohne Haut)
Salz, Pfeffer aus der Mühle
2–3 TL Zitronensaft
1 Bund Dill

ZUBEREITUNG: 45 Min.
PRO PORTION ca. 439 kcal,
21 g EW, 32 g F, 14 g KH

1 Das Gemüse putzen, waschen oder schälen. Den Fenchel putzen und waschen, das Fenchelgrün beiseitelegen. Den Fenchel längs vierteln, den harten Strunk entfernen und die Stücke in 1 cm breite Streifen schneiden. Möhren schräg in dünne Scheiben schneiden. Zucchini in ½ cm breite Scheiben schneiden. Weiße und hellgrüne Lauchteile in dünne Ringe schneiden. Die Zwiebel schälen und in feine Würfel schneiden.

2 Das Öl in einem Topf erhitzen und die Zwiebel darin andünsten. Fond und Sahne dazugießen, die Knoblauchzehe schälen, zerdrücken und mit dem Lorbeerblatt dazugeben. Alles aufkochen und bei schwacher Hitze 10 Minuten köcheln lassen.

3 Dann das vorbereitete Gemüse in die Suppe geben und weitere 5 Minuten garen. Inzwischen den Lachs waschen, trocken tupfen und in mundgerechte Stücke schneiden. In die Suppe geben und darin bei schwacher Hitze 5 Minuten gar ziehen lassen. Die Suppe mit Salz, Pfeffer und Zitronensaft abschmecken.

4 Den Dill waschen und trocken schütteln, die Spitzen abzupfen und wie das beiseitegelegte Fenchelgrün fein hacken. Zum Servieren den Gemüse-Lachs-Topf in tiefen Tellern anrichten und mit den Kräutern bestreuen.

TIPP
Statt Lachs können Sie auch andere edle Fische mit festem Fleisch in die Suppe geben, zum Beispiel Steinbutt- oder Zanderfilet. Oder Sie ersetzen die Hälfte des Lachses durch geschälte frische Garnelen.

TOMATEN-BROT-SUPPE
MIT GRÜNEN BOHNEN 🌾 🌱 Ⓑ

Fruchtige Paprika, kräftige Bohnen, saftige Tomaten und duftende Kräuter: Hier kommen alle auf ihre Kosten, die sich am liebsten mit dem Löffel satt essen – und dabei noch etwas Italienfeeling genießen möchten.

ZUTATEN FÜR 4 PERSONEN
250 g rote Spitzpaprikaschote
250 g grüne Bohnen
3 Frühlingszwiebeln
500 g gemischte Tomaten
(z. B. bunte Cocktailtomaten,
Strauch- oder Ochsenherz-
tomaten)
3 Knoblauchzehen
1 Zweig Rosmarin
6 Zweige Thymian
4 EL Olivenöl
1 ½ EL Tomatenmark
1 Streifen unbehandelte Zitronenschale
1 ¼ l Gemüsebrühe
80 g Vollkornbaguette
1 Bund Basilikum
Salz, Pfeffer aus der Mühle

ZUBEREITUNG: 40 Min.
PRO PORTION ca. 295 kcal,
6 g EW, 19 g F, 21 g KH

1 Die Paprika längs vierteln, entkernen, waschen und in 2 cm große Stücke schneiden. Die Bohnen putzen, waschen und jeweils quer halbieren. Die Frühlingszwiebeln putzen und waschen, die weißen und hellgrünen Teile schräg in 1 cm breite Scheiben schneiden. Die Tomaten waschen, die Cocktailtomaten halbieren, große Tomaten in 2 cm große Stücke schneiden, dabei Stielansätze und Kerne entfernen. Die Knoblauchzehen schälen und in feine Würfel schneiden. Die Kräuter waschen und trocken schütteln, die Nadeln und Blätter abzupfen und fein hacken.

2 Das Öl in einem großen Topf erhitzen und Paprika, Frühlingszwiebeln und Knoblauch darin bei mittlerer Hitze 5 Minuten anbraten. Tomatenmark, Kräuter und Zitronenschale dazugeben und alles gut verrühren. Mit der Brühe aufgießen und die Bohnen hinzufügen. Alles zum Kochen bringen und bei mittlerer Hitze 10 Minuten köcheln lassen.

3 Die Tomaten in die Suppe geben und bei schwacher Hitze noch etwa 5 Minuten garen. Inzwischen das Baguette in 1 cm große Würfel schneiden. Das Basilikum waschen und trocken schütteln, die Blätter abzupfen, fein hacken und mit dem Brot unter die Suppe heben. Die Tomaten-Brot-Suppe mit Salz und Pfeffer abschmecken und sofort servieren.

TIPP
Sie haben die Wahl: Statt Brot können Sie auch kurz garenden Naturreis oder Vollkornsuppennudeln als Einlage nehmen. Reis oder Pasta mit den Bohnen in die Brühe geben und bis zum Schluss mitgaren.

TOFU-MISO-SUPPE
MIT SOBA-NUDELN 🥄🥄

Schon der Rezeptname verrät es: Diese Kreation ist japanisch inspiriert. In der miso- und algenwürzigen Brühe schwimmen Gurken, Tofu und Buchweizennudeln. So schnell waren Sie noch nie in Fernost, wetten?

ZUTATEN FÜR 4 PERSONEN
200 g Soba-Nudeln (Spaghetti aus Buchweizen und Weizen, aus dem Asienladen)
2 TL geröstetes Sesamöl
1 EL Sesamsamen
4 Frühlingszwiebeln
2 Mini-Gurken
100 g junger Blattspinat
200 g Tofu
1¼ l Gemüsebrühe
1 Stück Ingwer (ca. 20 g)
2 TL Instant-Wakame-Algen
2½ EL Shiro-Miso-Paste (aus Bio- oder Asienladen)
einige Korianderblätter zum Garnieren

ZUBEREITUNG: 25 Min.
PRO PORTION ca. 283 kcal,
15 g EW, 15 g F, 18 g KH

1 Die Soba-Nudeln nach Packungsanweisung garen. In ein Sieb abgießen, gut abtropfen lassen und mit dem Sesamöl mischen. Den Sesam in einer beschichteten Pfanne ohne Fett goldbraun anrösten. Vom Herd nehmen und abkühlen lassen.

2 Die Frühlingszwiebeln putzen, waschen, die weißen und hellgrünen Teile in feine Ringe schneiden. Die Gurken waschen und in etwa 3 cm lange Stifte schneiden. Den Spinat verlesen, waschen und trocken schütteln, dabei grobe Stiele entfernen. Tofu trocken tupfen und in etwa 2 cm große Würfel schneiden.

3 Die Brühe in einem Topf zum Kochen bringen. Ingwer schälen und in Scheiben schneiden, mit den Algen in die Brühe geben und etwa 2 Minuten köcheln lassen. Die Miso-Paste mit 5 EL Wasser glatt rühren, in die Brühe geben und diese noch etwa 5 Minuten kochen lassen. Dann Tofu, Frühlingszwiebeln und Gurken zur Suppe geben und einmal aufkochen.

4 Zum Servieren den Koriander waschen und trocken schütteln. Soba-Nudeln und Spinat in Schalen oder Tassen verteilen und mit der kochenden Brühe übergießen. Den gerösteten Sesam und die Korianderblätter darüberstreuen. Sofort servieren.

TIPP
Miso-Pasten gehören zu den würzigen Basic-Zutaten in der japanischen Küche. Je nach Sorte aus Sojabohnen und/oder Getreide hergestellt, wirken sie wie alle fermentierten Lebensmittel säurebildend, werden aber durch den großen Gemüseanteil ausbalanciert.

GRÜNER GAZPACHO
MIT GEMÜSEWÜRFELN 🥄 🌿 B

ZUTATEN FÜR 4 PERSONEN
1 Salatgurke (ca. 400 g)
1 große gelbe Paprikaschote
150 g Baby-Pak-Choi
4 Stangen Staudensellerie
(mit Grün)
2 dünne Frühlingszwiebeln
1 großer grüner Apfel
1 grüne Peperoni
2 Knoblauchzehen
1 Bund Petersilie
¼ l Apfelsaft (am besten frisch
aus dem Entsafter)
4 EL Olivenöl
1 EL Vollkornsemmelbrösel
4 EL Limettensaft
Salz, Pfeffer aus der Mühle

ZUBEREITUNG: 30 Min.
KÜHLEN: 1 Std.
PRO PORTION ca. 246 kcal,
3 g EW, 13 g F, 26 g KH

1 Die Gurke schälen. Die Paprika längs vierteln, entkernen und waschen. Pak Choi, Selleriestangen samt Grün und Frühlingszwiebeln putzen und waschen. Das Selleriegrün trocken schütteln und grob hacken. Ein Drittel des Gemüses in sehr feine Würfel schneiden und beiseitelegen. Das restliche Gemüse grob schneiden. Den Apfel waschen, vierteln, entkernen und grob zerteilen. Das grob geschnittene Gemüse und die Apfelstücke in einen Standmixer geben.

2 Die Peperoni längs halbieren, entkernen und waschen. Den Knoblauch schälen. Die Petersilie waschen und trocken schütteln, die Blätter abzupfen und einige zum Garnieren beiseitelegen, den Rest grob hacken. Peperoni, Knoblauch, Petersilie und Selleriegrün mit dem Apfelsaft ebenfalls in den Mixer geben, alles zuerst auf niedriger, dann auf höchster Stufe sehr fein pürieren. 2 EL Öl und Semmelbrösel hinzufügen und untermixen. Mit Limettensaft, Salz und Pfeffer würzen. Die Suppe mindestens 1 Stunde kühl stellen.

3 Die gekühlte Gemüsesuppe auf tiefe Teller oder Tassen verteilen und mit den feinen Gemüsewürfeln bestreuen. Mit dem übrigen Öl beträufeln und mit der beiseitegelegten Petersilie garnieren.

TOMATENKALTSCHALE
MIT MELONE

ZUTATEN FÜR 4 PERSONEN
200 g Tomaten
1 große mehligkochende Kartoffel
(ca. 150 g)
½ l Gemüsebrühe (glutenfrei)
Salz, Pfeffer aus der Mühle
1 EL Olivenöl
½ Cantaloupemelone (ca. 500 g)
1–2 EL Limettensaft
Cayennepfeffer
8–12 Basilikumblätter zum
Garnieren
12 kleine Mozzarellakugeln
(ca. 100 g)

ZUBEREITUNG: 30 Min.
KÜHLEN: 1 Std.
PRO PORTION ca. 230 kcal,
7 g EW, 11 g F, 24 g KH

1 Die Tomaten kreuzweise einritzen, überbrühen und kalt abschrecken. Dann häuten, vierteln und entkernen, das Fruchtfleisch in Würfel schneiden. Die Kartoffel schälen und ebenfalls in Würfel schneiden. Tomaten und Kartoffel in einen Topf geben und mit der Brühe bedecken. Mit Salz, Pfeffer und Öl mischen, aufkochen und zugedeckt bei schwacher Hitze 20 bis 25 Minuten köcheln lassen.

2 Inzwischen die Melone entkernen und mit einem Kugelausstecher 12 kleine Kugeln ausstechen, zugedeckt beiseitestellen. Das übrige Fruchtfleisch schälen, klein schneiden und pürieren.

3 Die Tomaten- und Kartoffelwürfel vom Herd nehmen und in der Brühe mit dem Stabmixer fein pürieren. Das Melonenpüree untermischen und die Suppe abkühlen lassen. Mit Limettensaft, Salz, Pfeffer und Cayennepfeffer abschmecken und mindestens 1 Stunde kühl stellen.

4 Zum Servieren die Basilikumblätter waschen und trocken tupfen. Die Kaltschale in tiefen Tellern oder Schalen anrichten. Die Mozzarellakugeln abtropfen lassen, halbieren und mit den Melonenkugeln daraufsetzen. Mit Basilikum garniert servieren.

LAST-MINUTE-SUPPEN

Lust auf leichten Genuss? Überraschend Besuch vor der Tür? Keine Zeit zum Einkaufen? Kein Problem, wir haben da was Feines. Die drei Suppen aus frischem Gemüse oder aus Vorräten sind blitzschnell auf dem Tisch.

ROTE-LINSEN-SUPPE
MIT SPINAT

Für 4 Personen **1 Zwiebel** und **2 Knoblauchzehen** schälen, in feine Würfel schneiden und in **2 EL Öl** andünsten. Mit **1 EL Currypulver** bestäuben und anbraten. **200 g rote Linsen** dazugeben, **800 ml Gemüsebrühe** (glutenfrei) und **½ l Möhrensaft** (am besten frisch aus dem Entsafter) dazugießen, alles aufkochen und bei schwacher Hitze 10 Minuten köcheln lassen. Inzwischen **100 g jungen Blattspinat** verlesen, waschen und trocken schütteln, grobe Stiele entfernen. Die Suppe im Topf mit dem Stabmixer fein pürieren, mit **Salz** und **Pfeffer** würzen. Den Spinat zur Suppe geben und kurz zusammenfallen lassen. Die Suppe in Schalen oder tiefen Tellern servieren.

ZUBEREITUNG: 30 Min.
PRO PORTION ca. 289 kcal,
14 g EW, 11 g F, 29 g KH

ERBSENCREMESUPPE
MIT WASABI

Für 4 Personen **2 Schalotten** schälen, in feine Würfel schneiden und in **2 EL Öl** andünsten. **½ l Gemüse-brühe** (glutenfrei) und **150 g Sahne** dazugießen. **350 g tiefgekühlte Erbsen** zur Suppe geben, alles aufkochen und bei mittlerer Hitze etwa 15 Minuten kochen. Inzwischen **40 g Mandelblättchen** in einer Pfanne bei mittlerer Hitze goldbraun rösten, heraus-nehmen und abkühlen lassen. Die Suppe im Topf mit dem Stabmixer fein pürieren. Mit **Salz, Pfeffer, 1 bis 2 TL Zitronensaft** und **2 TL Wasabi-Paste** ab-schmecken. Die Suppe in Schalen oder tiefen Tellern anrichten und mit den Mandelblättchen bestreuen.

ZUBEREITUNG: 30 Min.
PRO PORTION ca. 345 kcal,
10 g EW, 26 g F, 15 g KH

ROTE-BETE-SUPPE
MIT MUSKAT

Für 4 Personen **500 g gegarte geschälte Rote Bete** (vakuumverpackt) in Würfel schneiden. **1 Zwiebel** und **1 Knoblauchzehe** schälen, in feine Würfel schneiden und in **1 EL Olivenöl** andünsten. Rote Bete dazugeben und kurz andünsten. **400 ml Gemüse-brühe** (glutenfrei) dazugießen, alles aufkochen und bei schwacher Hitze 10 Minuten köcheln lassen. Dann **100 g Sahne** unterrühren und die Suppe im Topf fein pürieren. Mit **Salz, Pfeffer**, frisch geriebe-ner **Muskatnuss** und **1 bis 2 EL Weißweinessig** ab-schmecken. Die Suppe in Schalen anrichten und jeweils mit **1 EL leicht geschlagener Sahne** und **1 TL Schnittlauchröllchen** garnieren.

ZUBEREITUNG: 30 Min.
PRO PORTION ca. 186 kcal,
3 g EW, 13 g F, 13 g KH

PICHELSTEINER
MIT ZWEIERLEI FLEISCH

In dieser Light-Version eignet sich der beliebte Eintopf-Evergreen perfekt für die Basenküche: Mit wenig magerem Fleisch und reichlich Gemüse köchelt er im Ofen geduldig vor sich hin, um seinen vollen Geschmack zu entfalten.

ZUTATEN FÜR 4 PERSONEN
500 g festkochende Kartoffeln
2 Möhren
2 Petersilienwurzeln
150 g Knollensellerie
1 Stange Lauch
400 g Wirsing
200 g Zwiebeln
500 g Rinderhüfte und
Lammschulter
2 EL Öl
Salz, Pfeffer aus der Mühle
1 TL ganzer Kümmel
2 Stiele Majoran
2 Liebstöckelblätter
1 Lorbeerblatt
¾ – 1 l heiße Fleischbrühe
(glutenfrei)
½ Bund Petersilie

ZUBEREITUNG: 30 Min.
GAREN: 2 Std.
PRO PORTION ca. 418 kcal,
29 g EW, 17 g F, 32 g KH

1 Kartoffeln, Möhren, Petersilienwurzeln und Sellerie schälen und in Scheiben schneiden. Lauch putzen, waschen und in Ringe schneiden. Wirsing putzen, waschen und vierteln, den harten Strunk entfernen. Die Wirsingviertel in feine Streifen schneiden. Die Zwiebeln schälen, halbieren und ebenfalls in feine Streifen schneiden. Das Fleisch waschen, trocken tupfen und in mundgerechte Stücke schneiden.

2 Das Öl in einem großen Bräter erhitzen und das Fleisch darin rundherum 4 bis 5 Minuten anbraten. Die Zwiebeln dazugeben und kurz mitbraten. Alles mit Salz und Pfeffer kräftig würzen.

3 Den Backofen auf 180 °C vorheizen. Zwei Drittel des Fleischs aus dem Bräter nehmen, das restliche Fleisch auf dem Topfboden verteilen. Darauf eine Lage Kartoffeln und etwas Gemüse schichten. Alles leicht mit Salz, Pfeffer und Kümmel würzen. Majoran und Liebstöckelblätter waschen und trocken schütteln, die Kräuter und das Lorbeerblatt hinzufügen. Abwechselnd Fleisch, Kartoffeln und Gemüse einschichten und würzen, bis alle Zutaten aufgebraucht sind. Dabei mit Kartoffeln abschließen.

4 Die heiße Brühe dazugießen, den Eintopf zugedeckt im Ofen auf der mittleren Schiene 2 Stunden garen, dabei zwischendurch nicht umrühren. Etwa 10 Minuten vor Ende der Garzeit die Petersilie waschen und trocken schütteln, die Blätter abzupfen und fein hacken. Den Eintopf mit Salz und Pfeffer abschmecken und mit der Petersilie bestreut servieren.

TIPP
Der Pichelsteiner Eintopf schmeckt nicht nur mit Wintergemüse. Auch im Frühjahr und Sommer kann man ihn mit Gemüse der Saison wie Blumenkohl, Kohlrabi, Mairübchen, Spitzkohl und Frühlingszwiebeln garen und als leichten Eintopf genießen.

SÜSSKARTOFFELEINTOPF
MIT GRÜNKOHL 🌾 🥛 🥚 Ⓑ

Von wegen langweiliges Wintergemüse! Hier zeigt sich der krause Grünkohl in einer absolut leckeren Veggie-Variante: fruchtig, würzig und frisch-scharf mit Süßkartoffeln, Äpfeln und geriebenem Meerrettich on top.

ZUTATEN FÜR 4 PERSONEN
400 g junge Grünkohlblätter
(bereits geputzt, sonst 600 g,
siehe Tipp)
500 g Süßkartoffeln
150 g Möhren
1 Zwiebel
2 EL Olivenöl
1¼ l Gemüsebrühe (glutenfrei)
Salz, Pfeffer aus der Mühle
1 säuerlicher Apfel
(z. B. Boskoop)
2 EL Zitronensaft
1 Stück Meerrettichwurzel
(ca. 30 g, ersatzweise 1 EL geriebener Meerrettich aus dem Glas)

ZUBEREITUNG: 50 Min.
PRO PORTION ca. 362 kcal,
6 g EW, 13 g F, 48 g KH

1 Den Grünkohl gründlich waschen und trocken schleudern. Die Süßkartoffeln schälen und in etwa 2 cm große Würfel schneiden. Die Möhren schälen und schräg in dünne Scheiben schneiden. Die Zwiebel schälen und in feine Würfel schneiden.

2 Das Öl in einem großen Topf erhitzen und die Zwiebel darin bei mittlerer Hitze andünsten. Den Grünkohl dazugeben und 2 Minuten mitdünsten. Die Süßkartoffeln hinzufügen, alles mit der Brühe auffüllen, kurz aufkochen und bei mittlerer Hitze 25 Minuten garen. Dabei die Möhren nach 10 Minuten dazugeben. Zuletzt mit Salz und Pfeffer würzen.

3 Inzwischen den Apfel waschen, vierteln, entkernen und in dünne Scheiben schneiden. Sofort mit 1 EL Zitronensaft beträufeln, damit sich die Apfelscheiben nicht bräunlich verfärben. Den Meerrettich schälen, fein raspeln und mit dem übrigen Zitronensaft mischen. Zum Servieren Apfel und Meerrettich unter den Grünkohl mischen und den Süßkartoffeleintopf nochmals abschmecken.

TIPP
Keine Frage, nach den ersten Frösten schmeckt Grünkohl am besten. Aber auch außerhalb der Saison (November bis Februar) müssen Sie auf das Kult-Gemüse „Kale" nicht verzichten: Im Sommer gibt es junge, zarte Grünkohlblätter (z. B. Picco Kale) in der Gemüseabteilung im Supermarkt und ganzjährig tiefgekühlten Grünkohl in der Truhe.

SZEGEDINGER
GULASCHSUPPE 🌾

Ein herzhafter Küchengruß aus Ungarn: Die vitalisierende Suppe mit frischem Sauerkraut, Kümmel und zweierlei Paprikapulver ist eine Wohltat für Körper und Seele und auch als Partyeintopf wärmstens zu empfehlen.

ZUTATEN FÜR 4 PERSONEN
300 g Rindfleisch
(aus der Schulter)
2 große Zwiebeln
2 Knoblauchzehen
2 große rote Paprikaschoten
3 EL Öl
2 EL Tomatenmark
1 EL Paprikapulver (edelsüß)
1 TL Paprikapulver (rosenscharf)
1 Lorbeerblatt
Salz, Pfeffer aus der Mühle
1¼ l Fleischbrühe (glutenfrei)
500 g Sauerkraut
1 TL ganzer Kümmel
4 Stiele Petersilie
2 EL Crème fraîche

ZUBEREITUNG: 30 Min.
GAREN: 45 Min.
PRO PORTION ca. 290 kcal,
20 g EW, 18 g F, 8 g KH

1 Das Rindfleisch in kleine Würfel schneiden. Zwiebeln und Knoblauch schälen und fein würfeln. Die Paprikaschoten längs vierteln, entkernen, waschen und in kleine Würfel schneiden.

2 Das Öl in einem Topf erhitzen und Zwiebeln und Fleisch darin bei mittlerer Hitze etwa 5 Minuten anbraten. Dann Knoblauch und Paprikawürfel hinzufügen und 1 Minute mitbraten. Tomatenmark und beide Paprikapulver dazugeben und kurz untermischen. Das Lorbeerblatt hinzufügen, alles leicht mit Salz und Pfeffer würzen. Die Brühe dazugießen, alles aufkochen und zugedeckt bei mittlerer Hitze 45 Minuten garen.

3 Inzwischen das Sauerkraut grob hacken und mit dem Kümmel nach 25 Minuten Garzeit in die Suppe geben, untermischen und alles noch 20 Minuten garen, bis das Fleisch weich ist. Mit Salz und Pfeffer abschmecken.

4 Kurz vor dem Servieren die Petersilie waschen und trocken schütteln, die Blätter abzupfen und fein hacken. Die Suppe in tiefen Tellern oder Schalen anrichten, mit je 1 TL Crème fraîche toppen und mit der Petersilie garnieren.

TIPP

Die Szegediner Gulaschsuppe lässt sich ganz leicht klassisch abwandeln: 400 g vorwiegend festkochende Kartoffeln schälen und in etwa 1½ cm große Würfel schneiden. Die Kartoffelwürfel statt des Sauerkrauts unterrühren und die Gulaschsuppe weitere 15 Minuten garen. Mit Salz und Pfeffer würzen.

HAUPT-GERICHTE

FITNESS SATT: Bei diesen Rezepten kommt eine große Portion **WOHLBEFINDEN** mit auf den Teller. Denn sie bieten alles, was **BASISCHEN GENUSS** ausmacht – wenig Fleisch und Fisch, dafür aber **VIEL GEMÜSE,** Vollkorn, wertvolle Öle und reichlich Vitamine und Mineralstoffe.

ZUCCHINIPUFFER MIT
APFEL-KRÄUTER-TATAR 🟠 Ⓥ

Ein krosses Pfannenvergnügen: Roh geriebene Kartoffeln und geraspelte Zucchini begeistern als knusprig ausgebackene Küchlein mit einer fruchtigen, kräuterwürzigen Beilage. Da greifen auch Kinder gern zu!

ZUTATEN FÜR 4 PERSONEN
½ unbehandelte Zitrone
4 säuerliche Äpfel (ca. 600 g)
1 TL flüssiger Honig
½ Bund gemischte Kräuter
(z. B. Basilikum, Petersilie,
Sauerampfer, Schnittlauch)
1 grüne Chilischote
(nach Belieben)
500 g festkochende Kartoffeln
300 g Zucchini
1 Zwiebel
60 g Dinkelvollkornmehl
1 Ei
Salz, Pfeffer aus der Mühle
frisch geriebene Muskatnuss
5–6 EL Olivenöl

ZUBEREITUNG: 1 Std.
PRO PORTION ca. 426 kcal,
8 g EW, 17 g F, 54 g KH

1 Für das Tatar die Zitronenhälfte heiß waschen und abtrocknen, die Schale fein abreiben und den Saft auspressen. Die Äpfel vierteln, schälen, entkernen und in möglichst kleine Würfel schneiden. Sofort mit Zitronenschale und -saft sowie dem Honig mischen.

2 Die Kräuter waschen und trocken schütteln, die Blätter abzupfen und fein hacken, den Schnittlauch in feine Röllchen schneiden. Die Chili längs halbieren, entkernen, waschen und in feine Würfel schneiden. Kräuter und Chili unter die Apfelwürfel heben und das Tatar bis zum Servieren kühl stellen.

3 Für die Puffer die Kartoffeln schälen, sehr fein reiben und in einem Sieb 20 Minuten abtropfen lassen, dabei die Flüssigkeit auffangen. Die Abtropfflüssigkeit vorsichtig abgießen und die abgesetzte Kartoffelstärke beiseitestellen.

4 Inzwischen die Zucchini putzen, waschen und grob raspeln. Zwiebel schälen und in feine Würfel schneiden. Beides mit Mehl und Ei unter die Kartoffelmasse mischen. Mit Salz, Pfeffer und Muskatnuss würzen, die abgesetzte Kartoffelstärke unterrühren.

5 Das Öl in einer großen beschichteten Pfanne erhitzen. Aus der Puffermasse portionsweise kleine Häufchen in die Pfanne geben und flach streichen. Die Puffer bei mittlerer Hitze auf beiden Seiten 4 Minuten braten. Gebratene Puffer im vorgeheizten Backofen bei 80 °C warm halten. Sobald alle gebraten sind, die Puffer mit dem Apfel-Kräuter-Tatar anrichten.

TIPP

Abwechslung gefällig? Dann wandeln Sie die Zucchinipuffer nach Lust und Laune mit anderen geraspelten Gemüsen wie Knollensellerie, Möhren oder Hokkaidokürbis ab.

NUDELPFANNE
MIT BROKKOLI ⓥ

Genießen wie in Bella Italia! Vollkorn-Penne, Brokkoli und Tomaten machen lange satt, Salbei und Parmesan liefern die typische Würze. Dieses Pastagericht schenkt nicht nur viele Vitamine, sondern auch südländische Lebensfreude.

ZUTATEN FÜR 4 PERSONEN
Salz
300 g Vollkorn-Penne
500 g Brokkoli
250 g Cocktailtomaten
3 Frühlingszwiebeln
1–2 Knoblauchzehen
6 große Salbeiblätter
4 EL Olivenöl
100 g schwarze Oliven
(ohne Stein)
Pfeffer aus der Mühle
60 g italienischer Hartkäse
(z. B. Parmesan oder Grana
padano, am Stück)

ZUBEREITUNG: 35 Min.
PRO PORTION ca. 378 kcal,
15 g EW, 20 g F, 28 g KH

1 In einem Topf reichlich Salzwasser aufkochen und die Nudeln darin nach Packungsanweisung bissfest garen. Inzwischen den Brokkoli putzen, waschen und in kleine Röschen teilen, die Stiele schälen und in 1 cm breite Stücke schneiden. Etwa 3 Minuten vor Ende der Nudelgarzeit den Brokkoli dazugeben und bis zum Schluss mitgaren. Dann Nudeln und Brokkoli in ein Sieb abgießen, dabei 150 ml Kochwasser auffangen, und beides abtropfen lassen.

2 Die Tomaten waschen und halbieren. Die Frühlingszwiebeln putzen und waschen, die weißen und hellgrünen Teile in feine Ringe schneiden. Die Knoblauchzehen schälen und in kleine Würfel schneiden. Salbeiblätter abreiben und in feine Streifen schneiden.

3 In einer großen Pfanne 2 EL Öl erhitzen und Knoblauch und Salbei darin kurz anbraten. Tomaten und Frühlingszwiebeln dazugeben und 2 bis 3 Minuten mitbraten. Brokkoli-Pasta und Oliven mit dem übrigen Öl in die Pfanne geben. Mit dem aufgefangenen Nudelkochwasser ablöschen, alles mischen und einmal aufkochen. Mit Salz und Pfeffer abschmecken.

4 Den Hartkäse in grobe Späne hobeln und zum Servieren über die Brokkoli-Nudelpfanne streuen.

TIPP
Wer mag, kann das mediterrane Pfannengericht mit 600 g kleinen Frühkartoffeln anstelle der Nudeln abwandeln: Die Kartoffeln mit der Schale waschen, vierteln und in einer Pfanne in 2 EL Olivenöl bei mittlerer Hitze etwa 10 Minuten anbraten, dabei öfter wenden. Dann die übrigen Zutaten in die Pfanne geben und 5 Minuten mitbraten.

MANGOLD-PASTA
MIT TOMATEN ⓥ

ZUTATEN FÜR 4 PERSONEN
700 g Tomaten
500 g Mangold
1 Zwiebel
2 Knoblauchzehen
1 Dose weiße Bohnen
(250 g Abtropfgewicht)
300 g Vollkornbandnudeln
(z. B. Tagliatelle)
Salz
4 EL Olivenöl
1 EL Tomatenmark
Pfeffer aus der Mühle
1 TL abgeriebene unbehandelte
Zitronenschale
50 g geriebener Pecorino

ZUBEREITUNG: 40 Min.
PRO PORTION ca. 408 kcal,
18 g EW, 18 g F, 37 g KH

1 Die Tomaten kreuzweise einritzen, überbrühen und kalt abschrecken. Dann häuten, vierteln und entkernen. Das Fruchtfleisch in grobe Würfel schneiden. Den Mangold putzen und waschen, die Stiele abschneiden und in feine Streifen schneiden. Das Mangoldgrün grob hacken. Zwiebel und Knoblauch schälen und in feine Würfel schneiden. Die Bohnen in ein Sieb abgießen, kalt abbrausen und gut abtropfen lassen.

2 Die Nudeln in reichlich kochendem Salzwasser nach Packungsanweisung bissfest garen.

3 Inzwischen das Öl in einer großen Pfanne erhitzen, Zwiebel, Knoblauch und Mangoldstiele darin 3 bis 4 Minuten andünsten. Tomatenmark und Tomatenwürfel dazugeben, mit Salz und Pfeffer würzen. Zugedeckt bei mittlerer Hitze 10 Minuten kochen lassen.

4 Die Nudeln in ein Sieb abgießen und kurz abtropfen lassen, dann tropfnass mit den Bohnen und dem Mangoldgrün unter die Tomatensauce mischen. Alles kurz erhitzen, mit Salz, Pfeffer und Zitronenschale abschmecken. Die Pasta auf tiefen Tellern anrichten und mit dem Pecorino bestreuen.

GEMÜSE-HACKPFANNE
MIT KICHERERBSEN

ZUTATEN FÜR 4 PERSONEN
2 EL Pinienkerne
1 Dose Kichererbsen
(265 g Abtropfgewicht)
2 Knoblauchzehen
2 Stangen Lauch (à ca. 200 g)
je 1 rote und grüne Paprikaschote
4 getrocknete Softaprikosen
2 EL Olivenöl
250 g Lamm- oder Rinder-
hackfleisch
1 TL gemahlener Kreuzkümmel
100 g scharfes Ajvar
(Paprikapaste)
Salz, Pfeffer aus der Mühle
2 Mini-Gurken (ca. 200 g)
300 g griech. Joghurt (10 % Fett)

ZUBEREITUNG: 35 Min.
PRO PORTION ca. 498 kcal,
26 g EW, 29 g F, 28 g KH

1 Die Pinienkerne in einer Pfanne ohne Fett goldbraun rösten. Vom Herd nehmen und abkühlen lassen. Die Kichererbsen in ein Sieb abgießen, kalt abbrausen und gut abtropfen lassen.

2 Den Knoblauch schälen und in feine Würfel schneiden. Lauch putzen und waschen, weiße und hellgrüne Teile in dünne Ringe schneiden. Paprika längs vierteln, entkernen, waschen und quer in 1 cm breite Streifen schneiden. Aprikosen in Streifen schneiden.

3 Das Öl in einem Wok oder einer Pfanne stark erhitzen und das Hackfleisch darin unter Wenden krümelig braten. Knoblauch und Kreuzkümmel dazugeben und kurz mitbraten. Lauch, Paprika und Aprikosen in die Pfanne geben und 5 Minuten mitbraten. Ajvar und 150 ml Wasser unterrühren und alles aufkochen. Die Kichererbsen hinzufügen, kurz mit erhitzen. Alles mit Salz und Pfeffer würzen.

4 Die Gurken waschen und in kleine Würfel schneiden. Mit dem Joghurt verrühren und mit Salz und Pfeffer würzen. Die Hackpfanne mit Pinienkernen bestreut anrichten und den Gurken-Joghurt-Dip dazu servieren.

TOPINAMBUR-KÜCHLEIN
MIT PAPRIKAGEMÜSE

Dieses verführerische Trio kommt nicht nur bei Veggies gut an: Goldbraun gebratene Kartoffeltaler mit Topinambur geben sich mit würzigem Paprikagemüse und grünen Bohnen auf dem Teller ein Stelldichein.

ZUTATEN FÜR 4 PERSONEN
800 g mehligkochende Kartoffeln
200 g Topinambur (ersatzweise Knollensellerie)
Salz
1 EL gehackte Thymianblätter
2 Eigelb
2 EL Sojamehl
2 EL Butter
Pfeffer aus der Mühle
500 g grüne Bohnen
2 große rote Paprikaschoten
2 Zwiebeln
2 Knoblauchzehen
4 EL Olivenöl
1 EL geräuchertes Paprikapulver
2 TL Paprikapulver (rosenscharf)
200 ml Gemüsebrühe (glutenfrei)

ZUBEREITUNG: 1 Std.
PRO PORTION ca. 459 kcal,
14 g EW, 23 g F, 42 g KH

1 Kartoffeln und Topinambur mit Schale waschen und in kochendem Salzwasser zugedeckt 25 Minuten garen. Den Backofen auf 100 °C vorheizen. Kartoffeln und Topinambur abgießen, auf ein Blech setzen und im Ofen auf der mittleren Schiene 10 Minuten ausdampfen lassen. Noch warm pellen, Kartoffeln in eine Schüssel durchpressen. Topinambur pürieren und dazugeben. Thymian, Eigelbe, Sojamehl, Butter, Salz und Pfeffer untermischen. Aus der Masse 16 Küchlein formen und zugedeckt beiseitestellen.

2 Währenddessen die Bohnen putzen und waschen, schräg halbieren und in kochendem Salzwasser 10 bis 12 Minuten blanchieren. In ein Sieb abgießen, kalt abschrecken und gut abtropfen lassen. Die Paprika längs vierteln, entkernen, waschen und in 2 cm große Stücke schneiden. Die Zwiebeln schälen, halbieren und in feine Streifen schneiden. Knoblauch schälen und in Scheiben schneiden.

3 Die Zwiebeln in einem großen Topf in 2 EL Öl bei mittlerer Hitze 5 Minuten andünsten. Knoblauch dazugeben und kurz mitdünsten. Beide Paprikapulversorten darüberstäuben und unter Rühren kurz anschwitzen. Die Paprikastücke hinzufügen, die Brühe dazugießen und alles zugedeckt bei schwacher Hitze 20 Minuten schmoren.

4 Inzwischen die Küchlein im restlichen Öl in einer großen beschichteten Pfanne portionsweise bei mittlerer Hitze auf beiden Seiten 4 bis 6 Minuten braten. Herausnehmen und auf Küchenpapier abtropfen lassen. Fertige Küchlein im vorgeheizten Backofen bei 80 °C warm halten. Die Bohnen unter das Gemüse mischen und 5 Minuten mitschmoren, mit Salz und Pfeffer würzen. Das Gemüse mit den Topinambur-Küchlein anrichten.

TIPP
Für einen Frische-Kick: 200 g Naturjoghurt mit 2 EL Schnittlauchröllchen verrühren und zu den Küchlein servieren.

BUNTES WOK-GEMÜSE
MIT TOFU

Veganes Asia-Food leicht gemacht: Eine würzig-scharfe Sauce gibt dem knackig gebratenen Wok-Gemüse einen exotischen Aroma-Kick. Superlecker, superbasisch – und dank Tofu mit ordentlich Eiweiß-Power!

ZUTATEN FÜR 4 PERSONEN
250 g Tofu
1 rote Paprikaschote
150 g Möhren
100 g Zuckerschoten
1 Bund Frühlingszwiebeln
250 g Baby-Pak Choi
2 rote Chilischoten
125 g Shiitake-Pilze
1 Knoblauchzehe
1 Stück Ingwer (ca. 15 g)
4 EL Öl
200 ml Gemüsebrühe (glutenfrei)
4 EL Tamari-Sojasauce
1 EL geröstetes Sesamöl
1 EL Limettensaft
2 TL Pfeilwurzelstärke
(aus Reformhaus oder Bioladen)
Salz, Pfeffer aus der Mühle

ZUBEREITUNG: 35 Min.
PRO PORTION ca. 343 kcal,
15 g EW, 21 g F, 20 g KH

1 Tofu trocken tupfen und in 1 bis 2 cm große Würfel schneiden. Das Gemüse je nach Sorte waschen und putzen bzw. schälen. Die Paprikaschote vierteln und in feine Streifen schneiden. Möhren und Zuckerschoten schräg in dünne Scheiben schneiden. Weiße und hellgrüne Teile der Frühlingszwiebeln in 4 cm lange Stücke schneiden. Den Pak Choi längs vierteln. Die Chilischoten in dünne Ringe schneiden, dabei die Kerne entfernen. Von den Shiitake-Pilzen die Stiele entfernen, die Köpfe vierteln oder halbieren. Knoblauch und Ingwer in feine Würfel schneiden.

2 In einem Wok 2 EL Öl stark erhitzen und die Tofuwürfel darin unter Wenden 5 Minuten goldbraun braten. Herausnehmen und zugedeckt beiseitestellen. Das übrige Öl erhitzen und Chili, Knoblauch und Ingwer darin 2 Minuten anbraten. Paprika, Pilze und Möhren dazugeben und unter gelegentlichem Rühren bei sehr starker Hitze 5 bis 6 Minuten braten. Dann Zuckerschoten, Frühlingszwiebeln und Pak Choi hinzufügen und noch 2 bis 3 Minuten mitbraten, bis das Gemüse bissfest ist.

3 Inzwischen die Brühe mit Sojasauce, Sesamöl, Limettensaft und Pfeilwurzelstärke gründlich verrühren. Die Mischung zum Wok-Gemüse geben, aufkochen und köcheln lassen, bis es gebunden ist. Mit Salz und Pfeffer abschmecken. Zum Servieren die Tofuwürfel unterheben, kurz erhitzen und das Wok-Gemüse auf Teller verteilen. Dazu schmeckt Vollkornreis.

TIPP

Tofu nimmt würzige Aromen gerne auf. Je länger man ihn mariniert, desto besser schmeckt er: Sie können alternativ 2 EL Tamari-Sojasauce mit dem Saft und der abgeriebenen Schale von ½ unbehandelten Limette und etwas Pfeffer aus der Mühle verrühren. Dann die Tofuwürfel in der Marinade zugedeckt 2 bis 3 Stunden (oder noch besser: über Nacht) durchziehen lassen.

GRÜNE SPARGELPFANNE
MIT GARNELEN

Diese Asia-Pfanne tut gut, schmeckt gut und ist obendrein noch richtig gästefein. Denn auf den raffiniert gewürzten Mix aus grünem Spargel, Ananas, Sprossen und Garnelen sind alle ganz scharf!

ZUTATEN FÜR 4 PERSONEN
500 g grüner Spargel
300 g Ananas
300 g frische Mungo-
bohnensprossen
2 rote Zwiebeln
1 Stück Ingwer (ca. 20 g)
2 Knoblauchzehen
300 g geschälte rohe Garnelen
(küchenfertig)
125 ml Gemüsebrühe (glutenfrei)
4 EL Limettensaft
4 EL Tamari-Sojasauce
2 TL Kokosblütenzucker
1–2 TL Sambal oelek
3 EL Öl
Salz, Pfeffer aus der Mühle
2 TL Pfeilwurzelstärke
(aus Reformhaus oder Bioladen)
½ Bund Koriander

ZUBEREITUNG: 35 Min.
PRO PORTION ca. 253 kcal,
24 g EW, 5 g F, 24 g KH

1 Den Spargel waschen und im unteren Drittel schälen, die holzigen Enden abschneiden. Die Stangen schräg in 2 bis 3 cm dünne Scheiben schneiden, dabei die Köpfe ganz lassen. Die Ananas schälen, den Strunk entfernen und das Fruchtfleisch in kleine Stücke schneiden. Die Sprossen in einem Sieb abbrausen und gut abtropfen lassen. Zwiebeln schälen, halbieren und in schmale Spalten schneiden. Ingwer und Knoblauch schälen und in feine Würfel schneiden. Die Garnelen abbrausen und trocken tupfen. Brühe, Limettensaft, Sojasauce, Kokosblütenzucker und Sambal oelek zu einer Würzsauce verquirlen.

2 In einem Wok oder in einer Pfanne 2 EL Öl erhitzen und die Garnelen darin auf beiden Seiten 1 Minute braten. Mit Salz und Pfeffer würzen, herausnehmen und beiseitestellen. Das übrige Öl erhitzen und Spargel und Zwiebeln darin unter Wenden bei starker Hitze etwa 5 Minuten kräftig anbraten. Ingwer, Knoblauch, Ananas und Sprossen hinzufügen und 1 Minute mitbraten. Die Würzsauce unter das Gemüse rühren, die Pfeilwurzelstärke einrühren und alles einmal aufkochen lassen. Dann die Garnelen untermischen.

3 Den Koriander waschen und trocken schütteln, die Blätter abzupfen und zum Servieren auf die Spargelpfanne streuen. Dazu schmeckt Vollkornreis.

TIPP

Erlaubt ist, was gefällt! Je nach Vorliebe und Saison können Sie statt Spargel auch andere Gemüse wie Möhren, Zuckerschoten oder Paprika in der Pfanne garen. Super schmeckt die Mischung übrigens auch mit Rumpsteakstreifen oder vegetarisch mit Tofu statt Garnelen.

WINTERGEMÜSE
MIT ESSKASTANIEN Ⓥ

Rote Bete, Rosenkohl und Möhren kommen hier ganz leicht und unbeschwert als winterliches Gemüseragout daher. Da stecken Frische, Farbe und vor allem geballte Vitalstoffe drin. Mit Kartoffelpüree ein Basengericht par excellence!

ZUTATEN FÜR 4 PERSONEN
400 g Rote Bete
2 EL Öl
Salz, Pfeffer aus der Mühle
400 g Gemüsefond
(aus dem Glas)
500 g Rosenkohl (ersatzweise
400 g tiefgekühlter Rosenkohl)
300 g Möhren
2 EL Butter
1½ TL zerstoßene Korianderkörner
2 TL Dinkelvollkornmehl
1 EL Tomatenmark
½ Bund Thymian
100 g Schmand
1 Bund Petersilie
200 g gegarte geschälte Esskastanien (vakuumverpackt)

ZUBEREITUNG: 1 Std.
PRO PORTION ca. 506 kcal,
11 g EW, 30 g F, 40 g KH

1 Die Rote Bete schälen und in ca. 2 cm große Stücke schneiden. Das Öl in einem Topf erhitzen und die Rote Bete darin unter Rühren 3 Minuten andünsten, mit Salz und Pfeffer würzen. Den Fond dazugießen, aufkochen und das Gemüse zugedeckt 30 Minuten garen.

2 Inzwischen den Rosenkohl putzen und waschen, die Strünke jeweils kreuzweise einschneiden. Die Möhren schälen und schräg in ½ cm dünne Scheiben schneiden. Nach 15 Minuten Garzeit den Rosenkohl zur Roten Bete geben, nach 20 Minuten die Möhren hinzufügen und beides bis zum Schluss mitgaren. Dann das gegarte Gemüse in ein Sieb abgießen, dabei den Fond auffangen.

3 Die Butter im Topf zerlassen und die Korianderkörner darin kurz anrösten. Das Mehl darüberstäuben, das Tomatenmark einrühren und 1 bis 2 Minuten andünsten. Mit dem aufgefangenen Gemüsefond und 200 ml Wasser ablöschen und alles unter Rühren bei mittlerer Hitze 5 Minuten kochen lassen.

4 Inzwischen den Thymian waschen und trocken schütteln, die Blätter abzupfen und grob hacken. Thymian und Schmand unter die Sauce rühren, alles mit Salz und Pfeffer würzen und noch weitere 5 Minuten kochen lassen.

5 Petersilie waschen und trocken schütteln, die Blätter abzupfen und fein hacken. Die Hälfte der Petersilie, das Gemüse und die Esskastanien in die Sauce geben und 5 Minuten erhitzen. Das Ragout mit der übrigen Petersilie bestreuen. Dazu passt Kartoffelstampf.

TIPP
Geben Sie dem Gemüseragout mit Chili noch eine Dosis wärmendes Winterfeuer: 2 rote Chilischoten längs halbieren, entkernen, waschen und quer in 1 bis 2 mm breite Streifen schneiden. Anstelle von Koriander in der Butter andünsten, die Sauce wie beschrieben zubereiten.

SÜSSKARTOFFEL-WEDGES
MIT RATATOUILLE

Die Starkombination des Sommers: Während die Süß-kartoffeln im Ofen brutzeln, wird der beliebte Gemüse-klassiker aus der Provence mit frischen Kräutern saftig geschmort. Basenköstlicher geht es nicht!

ZUTATEN FÜR 4 PERSONEN
800 g Süßkartoffeln
2 Zweige Rosmarin
7 EL Olivenöl
Salz, Pfeffer aus der Mühle
2 Zwiebeln
2 Knoblauchzehen
je 1 rote und gelbe Paprikaschote
(ca. 400 g)
1 große Aubergine (ca. 500 g)
400 g gelbe und grüne Zucchini
1 Dose geschälte Tomaten
(800 g)
125 ml Gemüsebrühe (glutenfrei)
½ Bund Thymian
1 Bund Petersilie

ZUBEREITUNG: 1 Std.
GAREN: 25–30 Min.
PRO PORTION ca. 544 kcal,
10 g EW, 24 g F, 63 g KH

1 Den Backofen auf 220 °C vorheizen. Die Süßkartoffeln schälen und in etwa 2 cm breite längliche Stifte schneiden. Den Rosmarin waschen und trocken schütteln, die Nadeln abzupfen und grob hacken. Süßkartoffeln, Rosmarin und 2 EL Öl mischen, mit Salz und Pfeffer würzen. Die Süßkartoffeln auf einem Backblech verteilen und im Ofen auf der mittleren Schiene 25 bis 30 Minuten garen.

2 Für die Ratatouille die Zwiebeln schälen, halbieren und in feine Streifen schneiden. Den Knoblauch schälen und in feine Würfel schneiden. Paprika längs vierteln, entkernen, waschen und in 2 cm große Stücke schneiden. Aubergine putzen, waschen, längs vierteln und in 2 cm breite Scheiben schneiden. Zucchini putzen, waschen, längs halbieren und quer in Scheiben schneiden.

3 Das übrige Öl in einem großen Bräter erhitzen und die Zwiebeln darin bei mittlerer Hitze unter Rühren andünsten. Knoblauch dazu-geben und kurz mitdünsten. Dann Paprika und Aubergine hinzu-fügen und unter Rühren 5 Minuten mitdünsten. Zucchinischeiben dazugeben und 3 Minuten mitdünsten. Mit Salz und Pfeffer kräftig würzen. Tomaten samt Saft und die Brühe dazugeben und alles auf-kochen. Den Thymian waschen und trocken schütteln, die Blätter abzupfen. Die Hälfte des Thymians zur Ratatouille geben und das Gemüse zugedeckt bei schwacher Hitze 20 Minuten schmoren.

4 Die Petersilie waschen und trocken schütteln, die Blätter ab-zupfen und fein hacken. Die Ratatouille mit Salz und Pfeffer ab-schmecken und die Petersilie unterheben. Die Süßkartoffel-Wedges mit dem übrigen Thymian bestreut dazu servieren.

TIPP
Wie die Süßkartoffeln können Sie auch kleine Kartoffeln (Drillinge) in der Schale zubereiten: waschen, trocken tupfen, längs halbieren, mit dem Rosmarinöl mischen und wie beschrieben auf dem Blech garen.

KÜRBISCURRY
MIT KARTOFFELN

Indisch-scharf, limettenfrisch und wunderbar sämig:
Der Kokoseintopf aus Hokkaido, Kartoffeln und Tomaten
ist ein echtes Highlight für Augen und Gaumen. Wellness
auf dem Teller mit einem Hauch Fernweh!

ZUTATEN FÜR 4 PERSONEN
800 g Hokkaidokürbis
600 g mittelgroße festkochende
Kartoffeln
500 g Eiertomaten
2 Zwiebeln
1 Stück Ingwer (ca. 20 g)
2 Knoblauchzehen
2 rote Chilischoten
1 unbehandelte Limette
3 EL Butterschmalz
1 TL gemahlene Kurkuma
1 EL Garam masala
(indische Gewürzmischung)
Salz, Pfeffer aus der Mühle
200 ml Gemüsefond
(aus dem Glas)
200 ml Kokosmilch
(aus der Dose)
½ Bund Koriander

ZUBEREITUNG: 45 Min.
PRO PORTION ca. 335 kcal,
7 g EW, 14 g F, 39 g KH

1 Den Kürbis schälen, halbieren und Fasern und Kerne entfernen.
Dann das Kürbisfleisch in 2 bis 3 cm große Stücke schneiden. Die
Kartoffeln schälen, ebenfalls in 2 bis 3 cm große Würfel schneiden
und bis zur weiteren Verwendung in kaltes Wasser legen.

2 Die Tomaten waschen und in große Würfel schneiden, dabei die
Stielansätze entfernen. Die Zwiebeln schälen und in feine Würfel
schneiden. Ingwer und Knoblauch schälen und beides in sehr feine
Würfel schneiden. Die Chilischoten längs halbieren, waschen und
samt den Kernen in feine Ringe schneiden. Limette heiß waschen,
abtrocknen und längs halbieren. Eine Hälfte auspressen, die andere
Hälfte in Spalten schneiden.

3 Das Butterschmalz in einem großen Topf erhitzen und die Zwiebeln darin bei mittlerer Hitze unter Rühren 3 Minuten braten. Dann
Ingwer, Knoblauch, Chilis und abgetropfte Kartoffeln dazugeben
und alles weitere 3 Minuten mitbraten. Die Kürbisstücke, zwei Drittel der Tomaten sowie Kurkuma und Garam masala untermischen.
Das Gemüse mit Salz und Pfeffer würzen, Fond und Kokosmilch
dazugießen. Alles zugedeckt aufkochen und bei schwacher Hitze
15 bis 18 Minuten garen, bis die Kartoffeln weich sind.

4 Curry mit Salz, Pfeffer und 1 bis 2 EL Limettensaft würzen und
die übrigen Tomaten untermischen. Den Koriander waschen und
trocken schütteln, die Blätter abzupfen und grob hacken. Das Curry
in Schalen oder tiefen Tellern anrichten und mit Limettenspalten
und Koriander garnieren. Dazu schmeckt Vollkorn-Basmatireis.

TIPP
Für das Curry kann man statt Hokkaido auch andere Kürbissorten
verwenden. Gut geeignet sind der birnenförmige, leicht nussige Butter-
nusskürbis mit sehr cremigem Fruchtfleisch und der festfleischige Mus-
katkürbis mit dezenter Muskatnote (beide bitte schälen!).

SPINAT-HIRSOTTO
MIT PILZEN

ZUTATEN FÜR 4 PERSONEN

15 g getrocknete Steinpilze
1 Zwiebel
2 Knoblauchzehen
900 ml Gemüsebrühe (glutenfrei)
4 EL Olivenöl
200 g Hirse
100 ml trockener Weißwein
500 g gemischte Pilze
(z. B. Champignons, Egerlinge,
Kräuterseitlinge)
200 g junger Blattspinat
½ Bund Thymian
1 EL Butter
Salz, Pfeffer aus der Mühle

ZUBEREITUNG: 45 Min.
PRO PORTION ca. 444 kcal,
13 g EW, 23 g F, 36 g KH

1 Die getrockneten Steinpilze in 150 ml heißem Wasser etwa 10 Minuten einweichen. Zwiebel und Knoblauchzehen schälen und in feine Würfel schneiden. Die Brühe erhitzen.

2 In einem großen Topf 2 EL Öl erhitzen und Zwiebel und Knoblauch darin bei mittlerer Hitze andünsten. Die Hirse hinzufügen und unter Rühren kurz anbraten. Mit dem Wein ablöschen und fast vollständig einkochen lassen. Die Steinpilze samt Einweichsud dazugeben. So viel heiße Brühe angießen, dass die Hirse bedeckt ist. Dann alles offen unter Rühren 20 bis 25 Minuten garen. Dabei immer wieder etwas heiße Brühe dazugießen, sobald sie von der Hirse fast vollständig aufgesogen ist.

3 Inzwischen die Pilze putzen, falls nötig, trocken abreiben und in Scheiben schneiden. Spinat verlesen, waschen und trocken schleudern, dabei grobe Stiele entfernen. Thymian waschen und trocken schütteln, die Blätter abzupfen und fein hacken.

4 Kurz bevor die Hirse fertig ist, das übrige Öl und die Butter in einer Pfanne erhitzen und Pilze und Thymian darin bei mittlerer bis starker Hitze 5 Minuten braten. Den Spinat und die Hälfte der Pilze unter das Hirsotto mischen, mit Salz und Pfeffer abschmecken. Zum Servieren die übrigen Pilze auf dem Hirsotto anrichten.

SELLERIESCHNITZEL
MIT APFEL-MEERRETTICH Ⓥ

ZUTATEN FÜR 4 PERSONEN
2 kleine Knollensellerie
(à ca. 500 g)
4 EL Zitronensaft
Salz, Pfeffer aus der Mühle
2 Eier
60 g Polenta (Maisgrieß)
60 g Vollkornsemmelbrösel
125 ml Öl zum Braten
1 rotschaliger Apfel
2 Frühlingszwiebeln
100 g Salatmayonnaise
200 g Naturjoghurt
40 g geraspelte Meerrettichwurzel (ersatzweise 1 ½ EL
geriebener Meerrettich aus
dem Glas)

ZUBEREITUNG: 45 Min.
PRO PORTION ca. 511 kcal,
12 g EW, 35 g F, 31 g KH

1 Sellerieknollen schälen, halbieren und in 1 cm dicke Scheiben schneiden. Mit 1 EL Zitronensaft in kochendem Salzwasser etwa 5 Minuten vorkochen. Dann die Selleriescheiben abgießen, kalt abschrecken und gut abtropfen lassen. Mit Salz und Pfeffer würzen.

2 Die Eier in einem tiefen Teller verquirlen. Die Polenta und die Semmelbrösel ebenfalls in einem tiefen Teller mischen. Selleriescheiben zuerst durch die verquirlten Eier ziehen, danach in der Polenta-Mischung wenden.

3 Das Öl in einer mittelgroßen Pfanne erhitzen und die Selleriescheiben darin portionsweise auf beiden Seiten bei starker Hitze 5 Minuten goldbraun braten. Auf Küchenpapier abtropfen lassen, fertige Scheiben im vorgeheizten Backofen bei 80 °C warm halten.

4 Für den Dip den Apfel waschen, achteln, entkernen und quer in dünne Scheiben schneiden. Sofort mit dem übrigen Zitronensaft beträufeln. Die Frühlingszwiebeln putzen und waschen, weiße und hellgrüne Teile in kleine Würfel schneiden. Die Mayonnaise mit dem Joghurt verrühren, die Apfelscheiben und Frühlingszwiebeln untermischen. Den Meerrettich dazugeben, mit Salz und Pfeffer abschmecken. Den Apfel-Meerrettich-Dip mit den panierten Selleriescheiben anrichten. Dazu passt ein Salat.

OFENKARTOFFELN
MIT AVOCADO-SALSA 🌾 🥛 🥚

Ofenkartoffeln und Avocadocreme sind an sich schon ein tolles Team – aber hier haben sie sich noch geschmackliche Verstärkung geholt: eine Salsa mit bunter Paprika, die für angenehme Schärfe und Frische sorgt.

ZUTATEN FÜR 4 PERSONEN
4 große Kartoffeln (mehlig-kochend oder vorwiegend fest-kochend, à 225–250 g)
4 TL Olivenöl
Meersalz
2 reife Avocados (à ca. 300 g)
2 EL Limettensaft
½ TL gemahlener Kreuzkümmel
½–1 TL getrocknete Chiliflocken
je 1 rote und gelbe Paprikaschote
3 Frühlingszwiebeln
½ Bund Koriander

ZUBEREITUNG: 20 Min.
GAREN: 50–70 Min.
PRO PORTION ca. 459 kcal,
7 g EW, 23 g F, 49 g KH

1 Backofen auf 220 °C vorheizen. Kartoffeln mit der Schale gründlich waschen, abtrocknen und mit je 1 TL Öl bestreichen. Auf ein Backblech legen, mit etwas Meersalz bestreuen und im Ofen auf der mittleren Schiene je nach Größe 50 bis 70 Minuten garen.

2 Inzwischen für die Creme die Avocados halbieren und den Kern entfernen, 1½ Hälften schälen und mit 1 EL Limettensaft pürieren. Die Creme mit Salz, Kreuzkümmel und ½ TL Chiliflocken würzen.

3 Für die Salsa die Paprika längs vierteln, entkernen, waschen und in feine Würfel schneiden. Frühlingszwiebeln putzen, waschen, weiße und hellgrüne Teile in feine Ringe schneiden. Den Koriander waschen und trocken schütteln, die Blätter abzupfen und grob hacken. Die übrige Avocadohälfte schälen, in feine Würfel schneiden und sofort mit dem restlichen Limettensaft beträufeln. Alle vorbereiteten Zutaten mischen, die Salsa mit Salz und Pfeffer würzen.

4 Die gegarten Kartoffeln aus dem Ofen nehmen und auf Teller verteilen. Mit einem Messer oben kreuzweise einschneiden und etwas auseinanderklappen. Die Avocadocreme in die Kartoffeln füllen und mit der Avocado-Salsa bestreuen. Nach Belieben mit den übrigen Chiliflocken bestreuen.

TIPP
Die Kartoffeln sollten möglichst gleich groß sein, damit sie gleichzeitig gar werden. Wenn man sie in kochendem Wasser 15 Minuten vorgart, verkürzt sich die Backzeit im Ofen auf 30 bis 40 Minuten.

KARTOFFELGRATIN
MIT BUNTEM GEMÜSE Ⓥ

Bunt, frisch und leicht: Kartoffeln, Kohlrabi und Möhren, kombiniert mit einer feinen Frischkäsesauce, wecken Frühlingsgefühle in der Küche. Tomatenwürfel und Schnittlauch sorgen für ein farbenfrohes Topping.

ZUTATEN FÜR 4 PERSONEN
Salz
500 g vorwiegend festkochende Kartoffeln
300 g Möhren
2 zarte Kohlrabi (ca. 400 g)
30 g Butter
20 g Grünkernmehl
200 ml Gemüsebrühe
150 ml Sojadrink
100 g Frischkäse
Pfeffer aus der Mühle
frisch geriebene Muskatnuss
75 g Bergkäse (am Stück)
1 große Tomate
½ Bund Schnittlauch
Fett für die Form

ZUBEREITUNG: 45 Min.
GAREN: 30–35 Min.
PRO PORTION ca. 410 kcal,
15 g EW, 22 g F, 32 g KH

1 Reichlich Salzwasser zum Kochen bringen. Die Kartoffeln und Möhren schälen und in dünne Scheiben schneiden oder hobeln. Die Kohlrabi schälen, halbieren und in etwa ½ cm dicke Scheiben schneiden. Das Gemüse im Salzwasser etwa 5 Minuten kochen, in ein Sieb abgießen, kalt abschrecken und abtropfen lassen.

2 Die Butter in einem Topf zerlassen, das Grünkernmehl darüberstäuben und unter Rühren kurz andünsten. Brühe und Sojadrink dazugießen, unter Rühren aufkochen und bei schwacher Hitze 5 Minuten köcheln lassen. Dann den Frischkäse einrühren und die Sauce mit Salz, Pfeffer und Muskatnuss kräftig würzen.

3 Den Backofen auf 200 °C vorheizen. Eine rechteckige Gratinform (ca. 32 x 20 cm) einfetten und die Gemüsescheiben dachziegelartig hineinschichten. Die Sauce nochmals verrühren und über das Gemüse gießen. Das Gratin im Ofen auf der zweiten Schiene von unten 30 bis 35 Minuten backen.

4 Inzwischen den Käse grob raspeln. Die Tomate waschen, vierteln und in kleine Würfel schneiden, dabei den Stielansatz und die Kerne entfernen. Käse und Tomate nach 20 bis 25 Minuten Garzeit über das Gratin streuen und noch 10 Minuten mitgaren. Den Schnittlauch waschen, trocken schütteln und in feine Röllchen schneiden. Das Gratin aus dem Ofen nehmen, kurz abkühlen lassen und zum Servieren mit Schnittlauch bestreuen.

TIPP
Damit die Kartoffel-, Kohlrabi- und Möhrenscheiben für das Gratin gleichzeitig gar sind, sollten sie in etwa die gleiche Dicke haben. Am einfachsten und schnellsten geht das, wenn man das Gemüse mit einem Gemüsehobel oder auf einer Haushaltsreibe in etwa 3 mm dünne Scheiben hobelt.

SCHMORGURKEN
MIT BUCHWEIZENGRÜTZE

Ich liebe die italienische Küche, deshalb geben Oliven, Parmesan und eine fruchtige Tomatensauce hier heimischen Schmorgurken einen mediterranen Touch. Die Basis der Füllung ist Buchweizen, einer der Basenklassiker schlechthin!

ZUTATEN FÜR 4 PERSONEN
2 Zwiebeln
2 Knoblauchzehen
150 g Staudensellerie
5 EL Olivenöl
200 g Buchweizengrütze
4 EL Zitronensaft
600 ml heiße Gemüsebrühe
(glutenfrei)
50 g schwarze Oliven
2 TL gehackte Thymianblätter
50 g geriebener Parmesan
Salz, Pfeffer aus der der Mühle
1 TL abgeriebene unbehandelte
Zitronenschale
4 kleine Salatgurken
(à ca. 250 g)
800 g passierte Tomaten
(aus der Dose)
½ Bund Petersilie
Fett für die Form

ZUBEREITUNG: 50 Min.
GAREN: 30 Min.
PRO PORTION ca. 499 kcal,
13 g EW, 25 g F, 49 g KH

1 Je 1 Zwiebel und Knoblauchzehe schälen und in feine Würfel schneiden. Den Sellerie putzen, waschen und in feine Würfel schneiden. In einem Topf 2 EL Öl erhitzen und Zwiebel, Knoblauch und Sellerie darin bei mittlerer Hitze 2 bis 3 Minuten andünsten. Die Buchweizengrütze unterrühren und kurz mit andünsten. Dann Zitronensaft und heiße Brühe dazugießen und die Grütze zugedeckt bei schwacher Hitze etwa 10 Minuten quellen lassen, dabei ab und zu umrühren.

2 Den Backofen auf 200 °C vorheizen. Die Oliven entsteinen und grob schneiden. Die Grütze vom Herd nehmen und Oliven, Thymian und Parmesan untermischen. Mit Salz, Pfeffer und Zitronenschale kräftig abschmecken.

3 Die Gurken schälen, längs halbieren und die Kerne mit einem Teelöffel entfernen. Eine große Auflaufform (ca. 32 x 20 cm) einfetten, die Gurkenhälften hineinsetzen, mit der Buchweizengrütze füllen und mit 2 EL Öl beträufeln. Die Gurken im Ofen auf der mittleren Schiene 30 Minuten garen.

4 Inzwischen die übrige Zwiebel und Knoblauchzehe schälen, in feine Würfel schneiden und im restlichen Öl andünsten. Passierte Tomaten hinzufügen, alles aufkochen und bei mittlerer Hitze etwa 15 Minuten köcheln lassen. Mit Salz und Pfeffer abschmecken. Die Petersilie waschen und trocken schütteln, die Blätter abzupfen und fein hacken. Zum Servieren die Petersilie über die Gurken streuen und die Tomatensauce dazu reichen.

TIPP
Im August gibt es frische Schmorgurken aus dem Freiland. Die kleinen dicken Gurken sind festfleischig und aromatischer als Salatgurken und eignen sich besonders gut zum Braten, Füllen und Schmoren.

HÄHNCHENGULASCH
MIT KARTOFFELSTAMPF

Paprika, Zwiebeln und Hähnchen haben sich hier mit Kümmel und Paprikawürze auf raffinierte Art verbandelt. Frisch geriebener Meerrettich gibt dem Kartoffelpüree gleichzeitig einen Schärfe- und Basen-Kick.

ZUTATEN FÜR 4 PERSONEN
750 g vorwiegend festkochende Kartoffeln, Salz
je 2 große rote und gelbe Paprikaschoten (ca. 800 g)
2 Zwiebeln
2 Knoblauchzehen
4 EL Olivenöl
2 EL Paprikamark (aus der Tube)
2 EL Paprikapulver (edelsüß)
1 TL ganzer Kümmel
2 kleine Lorbeerblätter
1 TL abgeriebene unbehandelte Zitronenschale
½ l Gemüsebrühe (glutenfrei)
500 g Hähnchenbrustfilet
Pfeffer aus der Mühle
1 Bund Dill
1 EL geriebene Meerrettichwurzel (ersatzweise geriebener Meerrettich aus dem Glas)

ZUBEREITUNG: 45 Min.
PRO PORTION ca. 450 kcal,
36 g EW, 16 g F, 35 g KH

1 Die Kartoffeln schälen und in grobe Stücke schneiden. In einem Topf mit ½ l Salzwasser zugedeckt 20 Minuten weich garen.

2 Inzwischen die Paprika vierteln, entkernen, waschen und in 2 cm große Stücke schneiden. Die Zwiebeln schälen, halbieren und in Halbringe schneiden. Die Knoblauchzehen schälen und in feine Würfel schneiden. 2 EL Öl in einem großen Topf erhitzen und Zwiebeln und Paprika darin bei mittlerer Hitze etwa 5 Minuten andünsten. Den Knoblauch hinzufügen, Paprikamark, Paprikapulver, Kümmel, Lorbeer und Zitronenschale einrühren und alles leicht anrösten. Mit der Hälfte der Brühe ablöschen und zugedeckt bei mittlerer Hitze 15 Minuten kochen.

3 Währenddessen das Hähnchenfilet waschen, trocken tupfen und 2 cm groß würfeln, mit Salz und Pfeffer würzen. Dill waschen und trocken schütteln, die Spitzen abzupfen und fein hacken. Die Hähnchenwürfel unter das Paprikaragout mischen. Die übrige Brühe dazugießen und alles zugedeckt weitere 7 bis 10 Minuten köcheln lassen. Mit Salz und Pfeffer abschmecken. Eine Hälfte des Dills untermischen, die andere zum Servieren auf das Gulasch streuen.

4 Die Kartoffeln abgießen, kurz ausdampfen lassen und mit übrigem Öl mischen. Alles mit einem Kartoffelstampfer fein zerdrücken, mit Salz würzen und den Meerrettich unterheben. Den Stampf zum Hähnchengulasch servieren.

TIPP
Mögen Sie Kartoffeln lieber stückig als zerstampft? Dann probieren Sie das Hähnchengulasch mal als Eintopf. Dazu die Kartoffeln in Würfel schneiden, mit Zwiebeln und Paprika andünsten und wie im Rezept beschrieben fortfahren.

DORADE AUS DEM OFEN
MIT SPITZKOHL

Sommerküche vom Feinsten: Süße Cocktailtomaten und zartblättriger Kohl treffen thymian- und knoblauchwürzige Fische auf dem Backblech – schnell zubereitet und auch prima als Gästeessen geeignet.

ZUTATEN FÜR 4 PERSONEN
1 Spitzkohl (ca. 800 g)
600 g Cocktailtomaten
(mit Rispen)
½ Bund Thymian
4 Knoblauchzehen
4 EL Olivenöl
2 EL Zitronensaft
Salz, Pfeffer aus der Mühle
4 Doraden (à ca. 300 g,
küchenfertig)
½ Bund Petersilie
Fett für das Blech

ZUBEREITUNG: 45 Min.
GAREN: 20–25 Min.
PRO PORTION ca. 344 kcal,
29 g EW, 19 g F, 10 g KH

1 Den Backofen auf 220 °C vorheizen. Vom Spitzkohl die äußeren Blätter entfernen, den Kohl halbieren und waschen. Die Hälften in 2 cm breite Spalten schneiden, den Strunk dabei nicht entfernen. Die Tomaten samt Rispen waschen. Die Fettpfanne des Ofens einfetten und das Gemüse darauf verteilen.

2 Den Thymian waschen und trocken schütteln, die Blätter abzupfen und fein hacken. Die Knoblauchzehen schälen und in feine Würfel schneiden. Thymian und Knoblauch mit Öl, Zitronensaft, Salz und Pfeffer verrühren. Die Hälfte des Knoblauch-Thymian-Öls über das Gemüse träufeln.

3 Die Doraden innen und außen waschen und trocken tupfen. Die Haut auf beiden Seiten mit einem scharfen Messer mehrmals schräg einschneiden. Die Fische innen und außen mit dem übrigen Knoblauch-Thymian-Öl bestreichen. Das Blech mit dem Gemüse auf der unteren Schiene, die Doraden auf dem Rost auf der mittleren Schiene in den Ofen schieben und beides 20 bis 25 Minuten garen.

4 Inzwischen die Petersilie waschen und trocken schütteln, die Blätter abzupfen und fein hacken. Gemüse und Doraden aus dem Ofen nehmen, auf Tellern anrichten und mit der Petersilie bestreut servieren. Als Beilage schmecken dazu geröstete neue Kartoffeln oder Vollkornbaguette sehr gut.

TIPP
Vor dem Braten die Haut der Doraden im Abstand von 2 bis 3 cm schräg einschneiden, damit sich die Fische beim Braten im Ofen nicht wölben und gleichmäßig gar werden.

FISCH IM PERGAMENT
MIT AIOLI-SABAYON 🌾 🥛

Ein mediterraner Aromaknüller aus dem Ofen: Rotbarsch-filet, Gemüse und Oliven werden im Papierpäckchen mit Thymian und Zitrone sanft gegart. Das i-Tüpfelchen ist die Aioli-Sabayon als würziger Begleiter.

ZUTATEN FÜR 4 PERSONEN
250 g Möhren
2 Fenchelknollen
1 mittelgroße Stange Lauch
100 g grüne Oliven (ohne Stein)
8 Zweige Thymian
5 EL Olivenöl
Salz
abgeriebene Schale von 1 unbehandelten Zitrone
4 Rotbarschfilets (à ca. 160 g)
Pfeffer aus der Mühle
4 Lorbeerblätter
¼ l Gemüsefond (aus dem Glas)
2 Eigelb
2 EL Zitronensaft
2 Knoblauchzehen

ZUBEREITUNG: 30 Min.
GAREN: 15–20 Min.
PRO PORTION ca. 477 kcal,
36 g EW, 30 g F, 13 g KH

1 Die Möhren schälen und in dünne Scheiben schneiden. Die Fenchelknollen putzen und waschen, längs vierteln, den harten Strunk entfernen und die Stücke in feine Streifen schneiden. Den Lauch putzen, waschen und schräg in ½ cm breite Ringe schneiden. Die Oliven in dünne Scheiben schneiden.

2 Den Backofen auf 200 °C vorheizen und ein Backblech auf die unterste Schiene schieben. Den Thymian waschen und trocken schütteln, von 4 Stielen die Blätter abzupfen und fein hacken. Mit Öl, Salz und Zitronenschale verrühren.

3 Vier Bögen Backpapier (à ca. 42 x 38 cm) auf die Arbeitsfläche legen und das Gemüse darauf verteilen. Fisch waschen, trocken tupfen, mit Salz und Pfeffer würzen. Je 1 Fischfilet auf 1 Gemüsebett legen und die Oliven darauf verteilen. Mit je 1 Zweig Thymian und 1 Lorbeerblatt belegen und mit Zitronen-Thymian-Öl beträufeln. Backpapier über dem Fisch jeweils locker falten, die seitlichen Enden wie bei einem Bonbon fest zusammendrehen. Die Päckchen auf das heiße Blech setzen und im Ofen 15 bis 20 Minuten garen.

4 Fond bei starker Hitze etwa auf die Hälfte einkochen, dann abkühlen lassen. Eigelbe und Zitronensaft über dem heißen Wasserbad mit einem Schneebesen dickcremig aufschlagen. Nach und nach den Fond unterrühren. Knoblauch schälen und dazupressen. Sabayon mit Salz und Pfeffer abschmecken. Den Fisch im Papierpäckchen auf Tellern servieren und bei Tisch öffnen. Die Aioli-Sabayon dazu servieren. Als Beilage schmecken Pellkartoffeln.

TIPP
Es spricht nichts dagegen, tiefgekühlten Rotbarsch in Papier zu hüllen. Vorausgesetzt, man taut ihn vorher ganz sanft auf: Dafür die Filets aus der Packung nehmen und auf einem Teller im Kühlschrank über Nacht oder 3 bis 4 Stunden bei Zimmertemperatur auftauen lassen.

DAS **SÜSSE** FINALE

Ob Schokoladen-Flammeri, feine Fruchtgrütze oder Tofu-sorbet mit spritziger Zitrusnote – die süßen Köstlichkeiten geben schnell Energie und gute Laune gleich dazu, so zart-schmelzend, wie sie auf der Zunge zergehen!

LIMETTENSORBET
MIT TOFU

Für 4 Personen **1 unbehandelte Limette** heiß wa-schen und abtrocknen, die Schale abreiben und den Saft auspressen. Limettenschale und -saft mit **3 EL Vollrohrzucker** und **300 g Seidentofu** gut verrühren. **1 Eiweiß** mit **1 Prise Salz** steif schlagen und unter-heben. Die Masse in der Eismaschine 30 Minuten gefrieren lassen. **1 rosa Grapefruit** samt weißer Haut schälen und die Filets zwischen den Trennwänden herausschneiden, dabei den Saft auffangen. Vom Sorbet Kugeln abstechen und mit Grapefruitfilets in Dessertschalen anrichten. Mit dem Grapefruitsaft beträufeln und mit **je 1 Minzeblatt** garnieren.

ZUBEREITUNG: 20 Min.
TIEFKÜHLEN: 30 Min.
PRO PORTION ca. 126 kcal,
6 g EW, 3 g F, 18 g KH

SCHOKO-FLAMMERI
MIT MANDELN

Für 4 Personen **100 g Zartbitterschokolade** (mind. 70 % Kakaoanteil) grob hacken. Mit ¼ l **Mandeldrink, 100 g Sahne, 2 EL Mandelmus, 2 EL Vollrohrzucker** und ¼ TL **Zimtpulver** in einem Topf so lange köcheln, bis die Schokolade geschmolzen ist. Dann vom Herd nehmen. **1 gestr. TL Agar-Agar-Pulver** mit **50 ml Mandeldrink** verquirlen und in die Schokomasse rühren. Alles aufkochen und bei schwacher Hitze 2 Minuten köcheln lassen. Die heiße Schokomasse in vier Förmchen (à ca. 150 ml) gießen und 3 Stunden kühl stellen. Die Flammeri zum Servieren auf Teller stürzen und mit **je 3 Physalis** garnieren.

ZUBEREITUNG: 15 Min.
KÜHLEN: 3 Std.
PRO PORTION ca. 304 kcal,
6 g EW, 20 g F, 23 g KH

RHABARBERGRÜTZE
MIT ERDBEEREN

Für 4 Personen **300 g Rhabarber** putzen, waschen und in 3 cm breite Stücke schneiden. Mit **2 EL Vollrohrzucker, 2 Gewürznelken,** ¼ l **Apfelsaft** (am besten frisch aus dem Entsafter) und **3 TL Apfelpektin** (aus dem Reformhaus) in einem Topf aufkochen und zugedeckt 3 Minuten köcheln lassen. Vom Herd nehmen. **200 g kleine Erdbeeren** verlesen, waschen und trocken tupfen, halbieren und unter den Rhabarber rühren. Die Grütze 2 Stunden abkühlen lassen. Zum Servieren **200 g griech. Joghurt** (10 % Fett) mit ½ TL **gemahlener Vanille** verrühren. Die Grütze mit dem Vanillejoghurt servieren.

ZUBEREITUNG: 20 Min.
KÜHLEN: 2 Std.
PRO PORTION ca. 160 kcal,
3 g EW, 5 g F, 21 g KH

SO KÖNNTE EINE
BASENWOCHE AUSSEHEN

SIE WOLLEN **IHRE BALANCE FINDEN** UND NEBENBEI AUCH NOCH
EIN PAAR KILOS VERLIEREN? DANN STARTEN SIE DOCH GLEICH MIT
EINER BASENWOCHE! SIE HOLT SIE RAUS AUS DER ÜBERSÄUERUNG
UND PROGRAMMIERT DEN **STOFFWECHSEL IN RICHTUNG BASISCH.**
UND DANACH? KÖNNEN SIE MIT DEN REZEPTEN AUS DIESEM BUCH
JEDEN TAG **NACH LUST UND LAUNE** BASISCH GENIESSEN.

Beginnen Sie Ihre Basenwoche idealerweise an einem Samstag und besorgen Sie am Freitag noch alles, was Sie fürs Wochenende brauchen: reichlich knackiges Gemüse, Salate, Obst und Nüsse. Bringen Sie am besten Ihre Familie gleich dazu mitzumachen. Oder überreden Sie Ihren Partner oder die beste Freundin und halbieren Sie in diesem Fall die Rezeptmengen. Sie können mittags oder abends die warme Hauptmahlzeit einplanen, so wie Sie es gewohnt sind und am liebsten mögen. Wenn Sie berufstätig sind oder nicht viel Zeit zum Kochen haben, ist die richtige Planung das A und O. Bereiten Sie ein basisches Gericht bereits am Vorabend zu und stellen Sie es über Nacht in den Kühlschrank. Suppen, Eintöpfe und Salate kann man in einer Frischhaltebox oder Thermoskanne auslaufsicher verpacken und dann leicht ins Büro mitnehmen.

FRÜHSTÜCK	HAUPTGERICHT	KLEINES GERICHT

1. TAG

Chia-Knuspermüsli mit Ananas (Seite 26)

Buntes Wok-Gemüse mit Tofu (Seite 112)

Blumenkohlsuppe mit Kokosmilch (Seite 85)

2. TAG

Sprossen-Omelett mit Tomaten-Chutney (Seite 42)

Topinambur-Küchlein mit Paprikagemüse (Seite 110)

Pimentmöhren auf Portulak (Seite 52)

3. TAG

Hirsebrei mit bunten Beeren (Seite 30)

Fisch im Pergament mit Aioli-Sabayon (Seite 130)

Kartoffelsalat mit Brunnenkresse (Seite 72)

4. TAG

Linsenaufstrich mit Süßkartoffeln (Seite 32)

Kürbiscurry mit Kartoffeln (Seite 118)

Grünkern-Taboulé mit Gemüse (Seite 62)

5. TAG

Quinoa-Müsli mit Früchten (Seite 28)

Minestrone mit Salsa rossa (Seite 80)

Kräuterseitlingsalat mit Tofu-Dressing (Seite 56)

6. TAG

Avocado-Smoothie mit Roter Bete (Seite 45)

Spinat-Hirsotto mit Pilzen (Seite 120)

Gegrillte Zucchini mit Tomatensalat (Seite 55)

7. TAG

Feigenmüsli mit Seidentofu (Seite 29)

Ofenkartoffeln mit Avocado-Salsa (Seite 122)

Kürbissuppe mit Chili-Gremolata (Seite 82)

A

Amarant-Pancakes mit Birnenkompott 40
Apfel
  Gurkendressing mit Apfel 69
  Herbstlicher Apfel-Porridge 31
  Sellerieschnitzel mit Apfel-Meerrettich 121
  Zucchinipuffer mit Apfel-Kräuter-Tatar 104
Aprikosenaufstrich mit Vanille 37
Avocado
  Avocado-Smoothie mit Roter Bete 45
  Ofenkartoffeln mit Avocado-Salsa 122

B/C

Beeren
  Beeren-Shake mit Buttermilch 46
  Hirsebrei mit bunten Beeren 30
Birnen
  Amarant-Pancakes mit Birnenkompott 40
  Fenchelrohkost mit Birnen und Feta 60
Blumenkohlsuppe mit Kokosmilch 85
Bohnen
  Bohnen-Orangen-Paste mit Rosmarin 34
  Tomaten-Brot-Suppe mit grünen Bohnen 88
  Weiße-Bohnen-Salat mit Zucchini 67
Brokkoli
  Brokkoli-Linsen-Salat mit Garnelen 70
  Nudelpfanne mit Brokkoli 106
Buchweizen
  Buchweizen-Blinis mit Rote-Bete-Salsa 74
  Schmorgurken mit Buchweizengrütze 126
Bunte Antipasti aus dem Backofen 58
Buntes Wok-Gemüse mit Tofu 112
Chia-Knuspermüsli mit Ananas 26

D/E

Dorade aus dem Ofen mit Spitzkohl 129
Erbsencremesuppe mit Wasabi 95
Esskastanien
  Kartoffelbrötchen mit Esskastanien 38
  Wintergemüse mit Esskastanien 116

F

Feigenmüsli mit Seidentofu 29
Fenchelrohkost mit Birnen und Feta 60
Fisch im Pergament mit Aioli-Sabayon 130

G

Garnelen
  Brokkoli-Linsen-Salat mit Garnelen 70
  Grüne Spargelpfanne mit Garnelen 114
Gegrillte Zucchini mit Tomatensalat 55
Gemüse-Hackpfanne mit Kichererbsen 109
Gemüseschmarren mit Grünkern 75
Gemüsesticks mit Kräutermayonnaise 54
Gemüsesuppe mit Kartoffeln 86
Griechischer Salat mit Falafeln 50
Grüne Spargelpfanne mit Garnelen 114
Grüner Gazpacho mit Gemüsewürfeln 92
Grünkern
  Gemüseschmarren mit Grünkern 75
  Grünkern-Taboulé mit Gemüse 62
Grünkohl
  Süßkartoffeleintopf mit Grünkohl 98
  Tropischer Smoothie mit Grünkohl 44
Gurken
  Gurkendressing mit Apfel 69
  Schmorgurken mit Buchweizengrütze 126

H

Hähnchengulasch mit Kartoffelstampf 128
Herbstliches Apfel-Porridge 31
Himbeerkonfitüre mit Cranberrys 37
Hirsebrei mit bunten Beeren 30

K

Kartoffel
  Gemüsesuppe mit Kartoffeln 86
  Hähnchengulasch mit Kartoffelstampf 128
  Kartoffelbrötchen mit Esskastanien 38
  Kartoffelgratin mit buntem Gemüse 124
  Kartoffelsalat mit Brunnenkresse 72
  Kürbiscurry mit Kartoffeln 118
  Ofenkartoffeln mit Avocado-Salsa 122
Kichererbsen
  Gemüse-Hackpfanne mit Kichererbsen 109
  Rote-Bete-Salat mit Kichererbsen 66
Kräuterseitlingsalat mit Tofu-Dressing 56
Kürbis
  Kürbiscurry mit Kartoffeln 118
  Kürbissuppe mit Chili-Gremolata 82

L

Lachseintopf mit buntem Gemüse 87
Lauchcremesuppe mit Petersilienöl 84
Limettensorbet mit Tofu 132
Linsen
   Brokkoli-Linsen-Salat mit Garnelen 70
   Linsenaufstrich mit Süßkartoffeln 32
   Rote-Linsen-Suppe mit Spinat 94

M/N

Mangold-Pasta mit Tomaten 108
Minestrone mit Salsa rossa 80
Möhren
   Möhrenbrot mit Kürbiskernen 35
   Pimentmöhren auf Portulak 53
Nudelpfanne mit Brokkoli 106

O

Ofenkartoffeln mit Avocado-Salsa 122
Orientalischer Auberginensalat 64

P/Q

Petersilien-Hummus mit Seidentofu 68
Pflaumenmus mit Chiasamen 36
Pichelsteiner mit zweierlei Fleisch 96
Pimentmöhren auf Portulak 52
Quinoa-Müsli mit Früchten 28

R

Rhabarbergrütze mit Erdbeeren 133
Rote Bete
   Avocado-Smoothie mit Roter Bete 45
   Buchweizen-Blinis mit Rote-Bete-Salsa 74
   Rote-Bete-Salat mit Kichererbsen 66
   Rote-Bete-Suppe mit Muskat 95
Rote-Linsen-Suppe mit Spinat 94

S

Schmorgurken mit Buchweizengrütze 126
Schoko-Flammeri mit Mandeln 133
Seidentofu
   Feigenmüsli mit Seidentofu 29
   Petersilien-Hummus mit Seidentofu 68
Sellerieschnitzel mit Apfel-Meerrettich 121
Soja-Smoothie mit Melone 47

Spargel
   Grüne Spargelpfanne mit Garnelen 114
   Spargel-Carpaccio mit Spinat 61
Spinat
   Rote-Linsen-Suppe mit Spinat 94
   Spargel-Carpaccio mit Spinat 61
   Spinat-Hirsotto mit Pilzen 120
Sprossen-Omelett mit Tomaten-Chutney 42
Süßkartoffeln
   Linsenaufstrich mit Süßkartoffeln 32
   Süßkartoffeleintopf mit Grünkohl 98
   Süßkartoffel-Wedges mit Ratatouille 117
Szegediner Gulaschsuppe 100

T

Tofu
   Buntes Wok-Gemüse mit Tofu 112
   Kräuterseitlingsalat mit Tofu-Dressing 56
   Limettensorbet mit Tofu 132
   Tofu-Miso-Suppe mit Soba-Nudeln 90
Tomaten
   Gegrillte Zucchini mit Tomatensalat 55
   Mangold-Pasta mit Tomaten 108
   Sprossen-Omelett mit Tomaten-Chutney 42
   Tomaten-Brot-Suppe mit grünen Bohnen 88
   Tomatendressing mit Chili 69
   Tomatenkaltschale mit Melone 93
   Tomatenmousse auf Blattsalat 76
Topinambur-Küchlein mit Paprikagemüse 110
Tropischer Smoothie mit Grünkohl 44

W

Weiße-Bohnen-Salat mit Zucchini 67
Wintergemüse mit Esskastanien 116

Z

Zucchini
   Gegrillte Zucchini mit Tomatensalat 55
   Weiße-Bohnen-Salat mit Zucchini 67
   Zucchinipuffer mit Apfel-Kräuter-Tatar 104